Hans Thoma und seine Weggenossen

Eine Kunstgabe

Hans Thoma

Alpha Editions

This edition published in 2022

ISBN : 9789356708549

Design and Setting By
Alpha Editions
www.alphaedis.com
Email - info@alphaedis.com

Hans Thoma und seine Weggenossen
Eine Kunstgabe

Es ist keine festgeschlossene Gruppe von Künstlern, von denen wir in diesem Hefte Werke vereinigt haben; aber sie haben doch alle, von Leibl bis zu Böcklin, etwas Gemeinsames. Das ist die Andacht vor der Welt der Erscheinung, der großen Natur um uns, das ist der Wille, sie mit aller Liebe und Treue klar darzustellen, ohne dem rein Technischen eine überwiegende oder gar ausschlaggebende Bedeutung zuzumessen. Das Geschaute und durch die Seele Geklärte zur Kunst zu erheben, das ist ihnen allen mehr eigen, als daß sie nur maltechnische Experimente lösen wollten. Die Kunst der Männer, die in diesem Werke vertreten sind, bedeutet eine Überwindung dessen, was in der Zeit, als sie sich zusammenfanden, in der deutschen Kunst mächtig war. Die Historien- und Genremalerei derer um Piloty und Kaulbach, die durch eine stärkere Betonung der Farbe einst ihre Verdienste hatte, mußte zurückgedrängt werden, damit die deutsche Malerei wieder lernen konnte, mit offenen, freien Augen in die Welt um uns zu schauen.

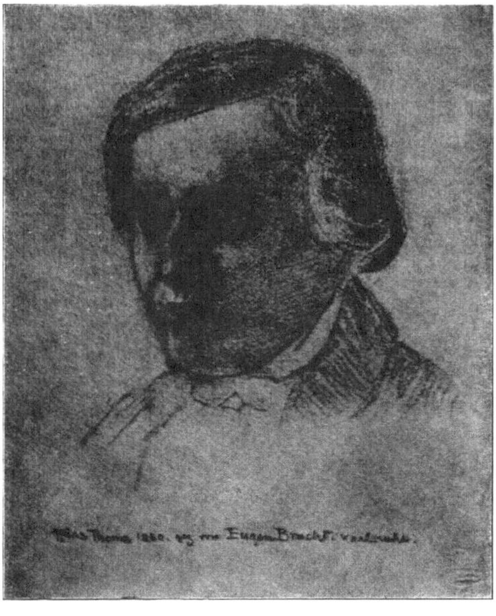

Eugen Bracht: Bildnis Hans Thomas.

Und daß diese Malerei zurückgedrängt wurde, das war zu einem sehr wesentlichen Teil das Verdienst der Böcklin und Thoma, der Leibl und Müller. Nicht daß deren Kunst an einem neuen Punkte begonnen hätte, es sind zahllose Verbindungsfäden zur Kunst der Besten vor ihnen da. Wollen wir von den großen Alten absehen, so weist doch manches bei ihnen zurück auf Friedrich und Schwind, auf Richter und bei Steinhausen auf Cornelius. Kein Künstler kann etwas durchaus Neues bringen, er muß immer ausgehen von denen, die vor ihm waren.

Es ist ein Kreis von bedeutenden Männern, die sich in Karlsruhe, in München und Frankfurt in den sechziger, siebziger und achtziger Jahren sammelten, es sind Männer, von denen ein jeder glänzende Leistungen aufzuweisen hat, von denen einige sicher zu den Größten deutscher Malerei überhaupt gehören. Ein eigenes Geschick hat es manchen von ihnen bisher versagt, die Geltung zu erlangen, auf die sie Anspruch haben. Wer aber einmal die Werke eines Eysen und Burnitz, eines Scholderer und Müller, eines Lugo, die zum Teil heute nur wenigen Glücklichen zugänglich sind, sehen kann, der wird erkennen, daß hier noch ein wichtiges Stück deutscher Kunstgeschichte aufzudecken ist.

Es war kein Geringer, der als Lehrer auf einige dieses Kreises segensreich wirkte: Der zu Jülich 1807 geborene Johann Wilhelm Schirmer, ein Schüler Schadows, war zu Düsseldorf der Lehrer Böcklins und Ludwigs, in Karlsruhe Thomas, Lugos, Stäblis und manches anderen. Seine Schüler haben ihm ein gutes Andenken bewahrt. Hier in Karlsruhe fanden sich Thoma, Bracht, Stäbli und Lugo zusammen. Als Steinhausen 1866 nach Karlsruhe kam, lebte Schirmer nicht mehr. Von Karlsruhe war es nicht weit zum Schwarzwald, und Thoma erzählt in seinen Lebenserinnerungen, wie seine Freunde Bracht, Stäbli, Lugo ihn in seine Heimat begleiteten, wie sie dort an den Bächen und Felsen nach Schönheiten suchten. Er sagt einmal: „Bracht, mein Mitschüler, kam auch, und in unserm Eifer gingen wir oft des Morgens fort, zwei Stunden weit in ein wildes Tal um — einen Stein, einzelne Pflanzen zu malen, die wir, wie wir eigentlich selber sahen, ebensogut hinter dem Haus in Bernau hätten malen können; wir stritten uns auch wohl um die Motive, die jeder zuerst entdeckt haben wollte, die wir aber doch zuletzt friedlich, meist gemeinschaftlich malten. Diese Studien waren von äußerster Gründlichkeit — über nichts wurde hinweggegangen.“

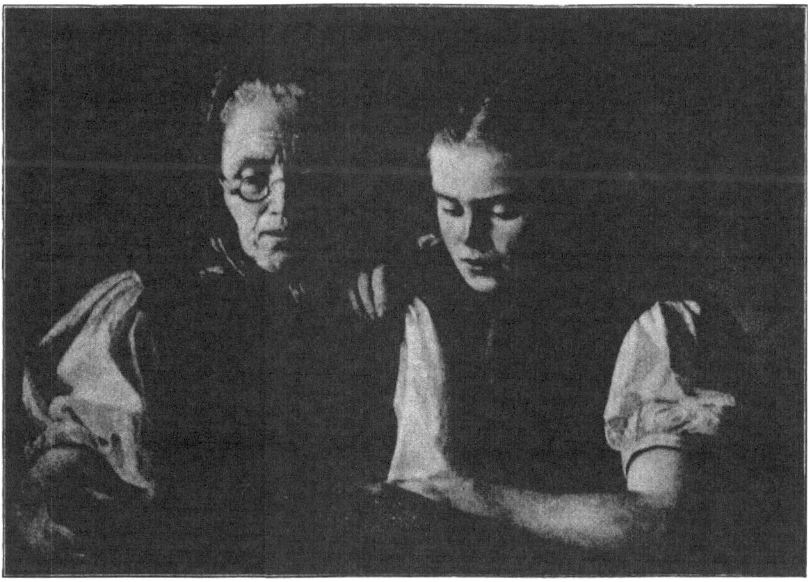

Hans Thoma: Mutter und Schwester.

Als Thoma nach Düsseldorf kam, fand er dort einen Künstler, der nach seiner Art zu ihm gehörte und der sich auch gleich manchem Zweifel anderer gegenüber zu ihm stellte, das war Otto Scholderer. Mit diesem ging er dann nach Paris, wo Courbet ihnen wie eine Befreiung war. Aber auch Millet, Rousseau, Corot fesselten sie. Diese Maler hatten der französischen Kunst die Erlösung gebracht, die Rückkehr zur unmittelbaren Naturanschauung, kein Wunder, daß all die Suchenden unter den Deutschen sich zu ihnen hingezogen fühlten. Vor allem wurde diesen in Paris klar, daß alles malbar sei.

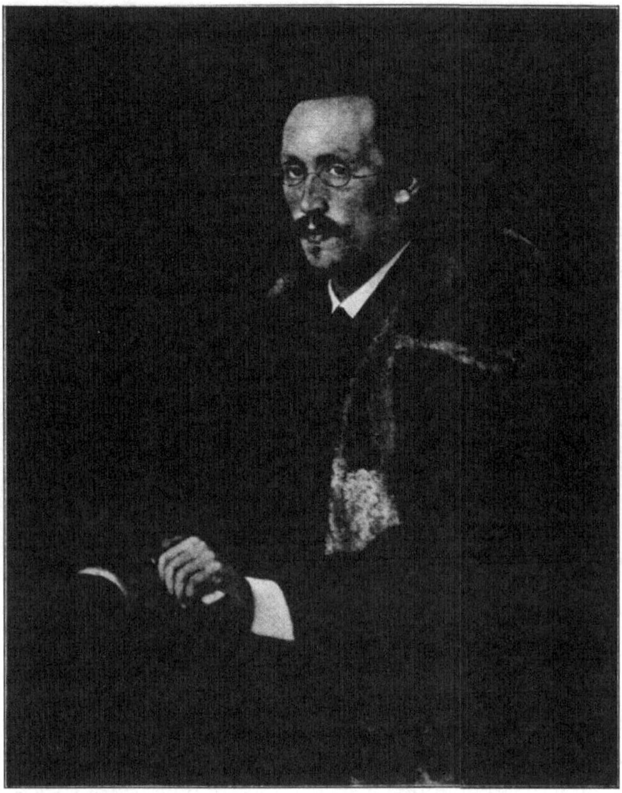

Hans Thoma: Bildnis Adolf Bayersdorfers.

Von Paris ging Thoma wieder in den Schwarzwald nach Bernau und war hier mit Lugo zusammen. Als er Anfang der siebziger Jahre nach München ging, kam er in einen Kreis von Freunden, der für die deutsche Kunst von höchster Bedeutung werden sollte: ihm gehörten mehrere der Größten an, die die deutsche Kunst des 19. Jahrhunderts gesehen hat. Durch Scholderer, den Schwager von Viktor Müller, wurde Thoma mit diesem leider so früh verstorbenen Großen bekannt, der gewiß das Zeug hatte, ebenbürtig neben Böcklin und Feuerbach zu treten. Thoma erzählt nun selbst: „Um Viktor Müller bildete sich eine kleine Gruppe von Künstlern, und wenn der Name Sezession damals schon bekannt gewesen wäre, so wäre dies wohl die erste Münchener Sezession gewesen — wir wurden eigentlich sezessioniert — denn wir gehörten eben, ob wir wollten oder nicht, nicht dazu, wir standen abseits von der großen Kunstblüte, die mit den Gründerjahren hereingebrochen war. Für die Kunsthändler existierten wir nicht — also existierten wir überhaupt nicht: es waren auch nur ganz wenige, und es war für niemand verlockend, sich uns anzuschließen, Scholderer, Haider, Sattler,

Eysen, auch Leibl mag, solange Müller gelebt hat, dazu gehört haben. In treuer Kunstliebe hielt Dr. Bayersdorfer zu uns, den ich bei Viktor Müller kennen lernte. Programm hatten wir keins — Bayersdorfer kam dahinter, daß „unverkäufliche Bilder“ so ungefähr unser Programm sei. In dieses schöne Zusammenleben mit Viktor Müller trat ein jäher Schluß heran. Ich war im Dezember 1872 einige Tage unwohl, und als ich wieder ins Atelier kam und Müller nicht fand, ging ich in seine Wohnung, da lag er schon schwer krank zu Bett, und in wenigen Tagen war er tot.... Es war für uns jüngere Künstler, die in ihm eine Art Führer gesehen hatten, ein schwerer Schlag. So Gutes er auch schon geschaffen hatte, sein Werk war noch nicht zur vollen Reife gelangt, denn er war einer von denen, die um der Sache willen nach Klarheit und Vollendung streben. Viktor Müller war es auch, der mich bei Böcklin einführte — schon vorher hatte er mir von dem Bild mit den zwei Frauen erzählt, das auf der Ausstellung 1869 war, und es für das weitaus beste erklärt, was auf dieser Ausstellung war. Das ist jetzt freilich nicht merkwürdig, aber es geschah zu einer Zeit, da ich von später zu Böcklinschwärmern gewordenen berühmten Malern den Ausspruch hörte, es sei viel Unsinniges auf dieser Ausstellung, aber der Gipfel der Narrheit sei das Bild von Böcklin... Mit Leibl verkehrte ich viel, und wir hatten uns gerne, jedoch merkte ich ein gewisses Mißtrauen gegen mich, weil ich im Verdachte stand, zu lasieren und andere Kunststücke beim Malen anzuwenden, die vor seinem ehrlichen Primamalen ihm wie Sünden erschienen. Der Frankfurter Maler Eysen kam ab und zu nach München; er war mit Leibl sehr befreundet, und sein hochgebildetes, unbestechliches Urteil war uns von hohem Wert. Er war eine vornehme Natur und malte in aller Stille, konnte sich auch kaum zum Ausstellen entschließen... Mit Stäbli war ich von Karlsruhe her schon befreundet, er hat den Kampf mit der Lebensnot wacker bestanden, ja denselben mit einer Art von Fröhlichkeit und Übermut geführt ... Mir war er ein treuer, teilnehmender Freund.

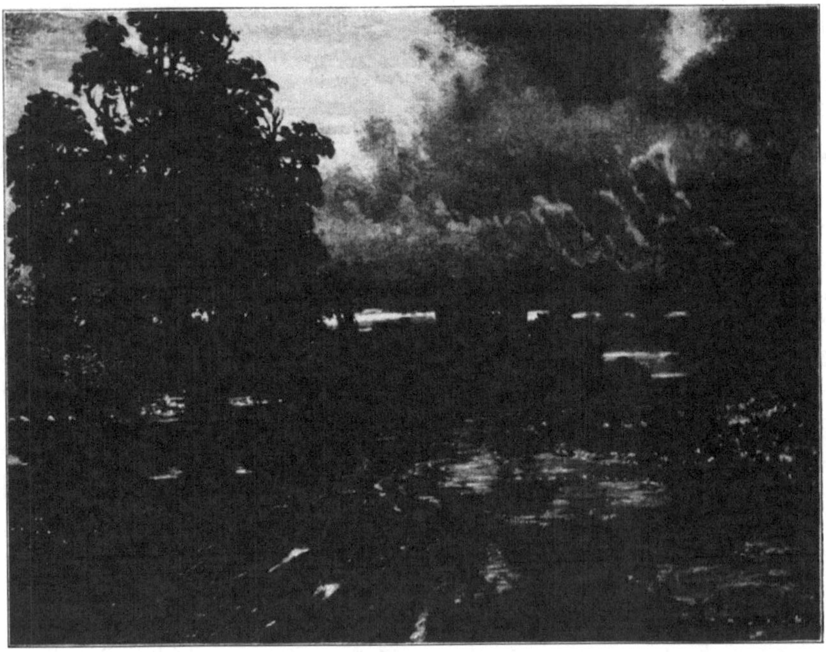

Adolf Stäbli: Überschwemmung.

Auch mit Frölicher, einer festgefügten, sympathischen Schweizernatur, stand ich in guter Freundschaft, und ich verkehrte besonders viel mit diesen beiden. Dr. Bayersdorfers Geistesreichtum war uns allen viel wert, sein scharfes Urteil und treffendes Wort war eine gute Waffe, die mit den Jahren immer mehr Geltung gewann — trotz seinem schlagfertigen Witz war er doch kein Spötter, davor hat ihn der hohe Ernst bewahrt, mit dem er die Kunst so aufrichtig liebte, sein Sinn war gesund, und so hat er immer segensreich für die Entwicklung des Guten in der Kunst gewirkt, aber ganz in seiner Weise ohne Programm, man möchte sagen, ohne Plan, nur durch sein persönliches Sein und durch persönlichen Verkehr... Martin Greif war auch dabei, und seine Dichtungen waren von Einfluß auf uns und standen in guter Harmonie mit unserm Denken und Tun. — Auch Du Prel erschien oft in dem Kreise, der Philosoph mit den hellen Seheraugen, die man nicht so leicht vergißt. Seine Blicke in die Welt der Mystik gehörten so recht in das Kunstgebiet, wenn es nicht verflachen und vermaterialisieren soll... Auch mit dem Schweizer Dichter Leuthold kam ich öfters zusammen."

Nehmen wir dazu, daß zu jener Zeit auch Steinhausen und Wilhelm Trübner, der besonders mit Leibl viel verkehrte, in München waren und zu Thoma in nahem Verhältnis standen, so haben wir damit ein Bild jenes Münchener Kreises. Durch den Arzt Dr. Eiser wurde Thoma 1873 zum erstenmal nach

Frankfurt geführt, auf eine fast so eigene Weise wie wenige Jahre später Wilhelm Steinhausen. Dieser war im Herbst 1876 mit Friedrich Geselschap auf Rügen gewesen. Auf der Rückreise hatte Steinhausen den Platz oben auf der Postkutsche gewählt, drinnen saß Geselschap mit dem Frankfurter Architekten Simon Ravenstein. Dieser will Geselschap gewinnen, daß er in seinen Villen Wandbilder male, der lehnt ab, empfiehlt aber seinen jungen Freund. Steinhausen sagt dann zu, und so kommt er auch nach Frankfurt.

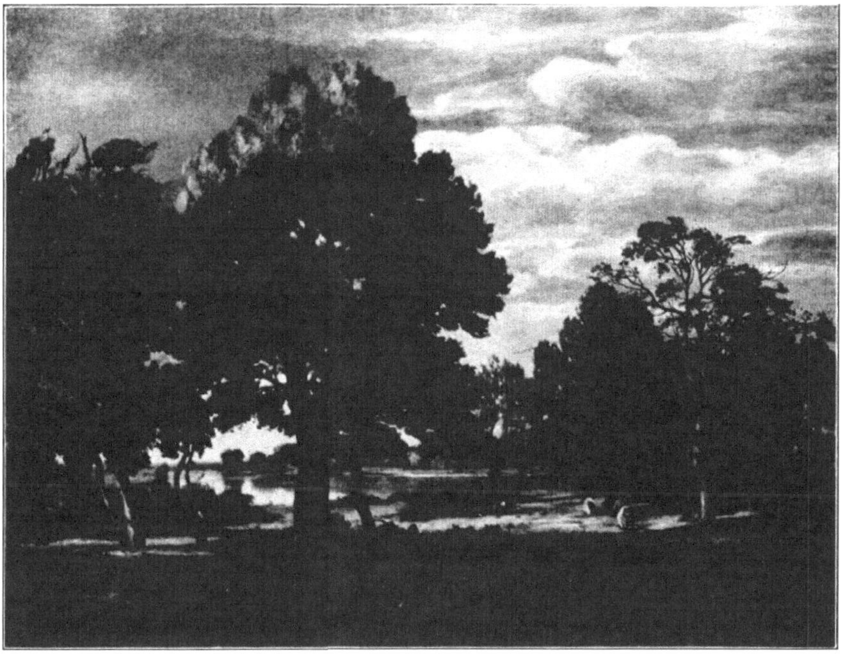

Otto Frölicher: Landschaft.

Als Thoma dann nach Italien ging, begleitete ihn Albert Lang, von dem wir so manches schöne Bild aus Italien kennen. In Rom traf Thoma mit Lugo zusammen. Auch Hans von Marées lernte er kennen; doch waren sie nicht lange zusammen. Aber Thoma hat wohl tief in die Seele dieses eigenen, stets unbefriedigten großen Künstlers geschaut. Aus einem Wort in seinen Lebenserinnerungen darf man das entnehmen. Als Thoma dann noch einmal nach München kam, fand er seine Lebensgefährtin, eine bekannte Blumenmalerin. Vom Jahre 1877 ab wohnten dann beide zwei Jahrzehnte hindurch in Frankfurt. Hier fanden sich die Künstler, mit denen Thoma vorher in München zusammen war, großenteils wieder. Außer Steinhausen kamen auch Wilhelm Trübner und Albert Lang hierher. Zu ihnen gesellte sich Karl von Pidoll. Burnitz, Eysen, Scholderer hatten ohnehin ihren

Schwerpunkt in Frankfurt. Der benachbarte Taunus gab für viele ihrer schönsten Bilder die Motive her, ebenso wie für manche von ihnen naturgemäß der Schwarzwald.

Es kann nicht unsere Aufgabe sein, in diesem kurzen Aufsatz die Zusammenhänge zu behandeln, die durch die Kunst all dieser Meister geht. Wer aber all die Bilder dieses Heftes betrachtet, dem wird das, was durch sie alle hindurchgeht, offenbar werden. Mehrere der Künstler haben wir zudem ausführlicher in anderen Heften unserer Sammlung behandelt. So bedeutende Naturen, von denen ein jeder Eigenes und nicht Geringes zu sagen hat, werden einander anregen und befruchten, und es sind gewiß glückliche Künstler, die einander so finden, wie diese sich fanden.

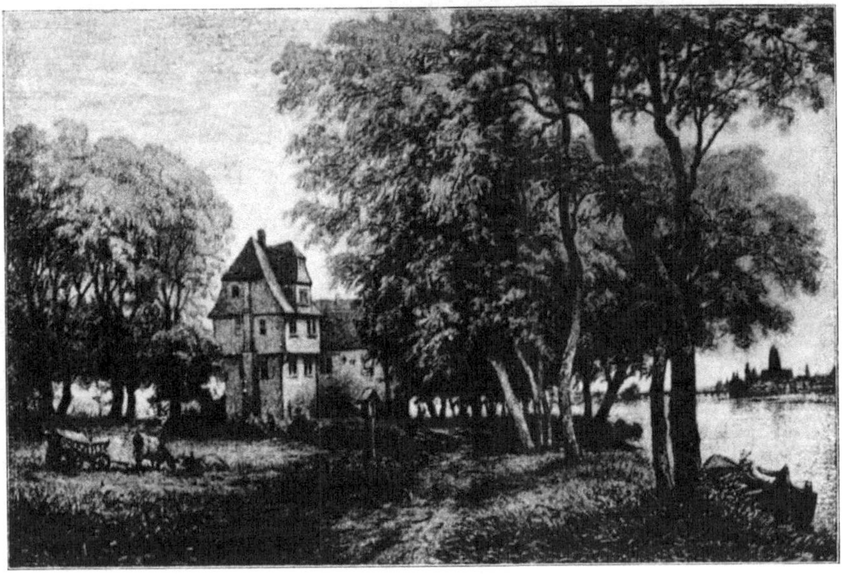

Karl Peter Burnitz: Frankfurt von der Gerbermühle aus.

Arnold Böcklin, geb. 1827 in Basel, gest. 1901 in Fiesole bei Florenz. Tätig in Düsseldorf, Brüssel, Paris, Basel, München, Weimar, Zürich, Italien.

Eugen Bracht, geb. 1842 in Morges am Genfer See, lebt in Dresden. Tätig in Darmstadt, Düsseldorf, Lüneburg, Rügen, Karlsruhe, Berlin, im Orient, in Nordamerika.

Peter Burnitz, geb. 1824 in Frankfurt a. M., gest. 1886 daselbst. Tätig in Paris und Frankfurt a. M.

L o u i s E y s e n, geb. 1843 in Frankfurt a. M., gest. 1899 in Neuhausen bei München. Schüler des Städelschen Instituts sowie von Bonnet und Scholderer in Paris. Seit 1873 in Cronberg, seit 1879 in Meran.

O t t o F r ö l i c h e r, geb. 1840 in Solothurn, gest. 1890 in München. Tätig in der Schweiz, in Düsseldorf, Paris, München.

K a r l H a i d e r, geb. 1846 in München, lebt in München und Schliersee.

A l b e r t L a n g, geb. 1847 in Karlsruhe, lebt in München. Tätig in Karlsruhe, Italien, Frankfurt a. M., München.

W i l h e l m L e i b l, geb. 1844 in Köln, gest. 1900 in Würzburg. Tätig in München, Paris (dort bei Couture), Aibling.

H e i n r i c h L u d w i g, geb. 1829 in Hanau, gest. 1898 in Rom, gebildet in Düsseldorf.

E m i l L u g o, geb. 1840 in Stockach bei Konstanz, gest. 1902 in München. Tätig in Karlsruhe, Dresden, im Breisgau, in Italien, München.

V i k t o r M ü l l e r, geb. 1829 in Frankfurt a. M., gest. 1871 in München. Schüler des Städelschen Instituts, der Antwerpener Akademie und von Couture in Paris.

K a r l F r e i h e r r v o n P i d o l l z u Q u i n t e n b a c h, geb. 1847 in Wien, gest. 1901 in Rom. Schüler Böcklins in Florenz, später in Rom im Anschluß an Hans von Marées, dann in Paris und Frankfurt a. M.

J o h a n n W i l h e l m S c h i r m e r, geb. 1807 in Jülich, gest. 1863 in Karlsruhe, Schüler von Schadow in Düsseldorf.

O t t o S c h o l d e r e r, geb. 1834 in Frankfurt a. M., gest. daselbst 1902. Schüler des Städelschen Instituts; zweimal in Paris, in Düsseldorf, seit 1871 in London, 1899 nach Frankfurt zurück.

A d o l f S t ä b l i, geb. 1842 in Winterthur, gest. 1901 in München. Schüler von Rudolf Koller. Tätig in Karlsruhe, Dresden, Paris, München.

W i l h e l m S t e i n h a u s e n, geb. 1846 in Sorau, lebt in Frankfurt a. M. Tätig in München, Berlin, Frankfurt a. M.

C e l l a T h o m a, geb. 1858 in München, gest. 1901 in Konstanz.

H a n s T h o m a, geb. 1839 in Bernau (Schwarzwald), lebt in Karlsruhe. Tätig in Karlsruhe, Düsseldorf, Paris, München, Frankfurt a. M.

W i l h e l m T r ü b n e r, geb. 1851 in Heidelberg, lebt in Karlsruhe. Tätig in München, Italien, England, Holland, Belgien, Stuttgart, Frankfurt a. M., Heidelberg, Amorbach.

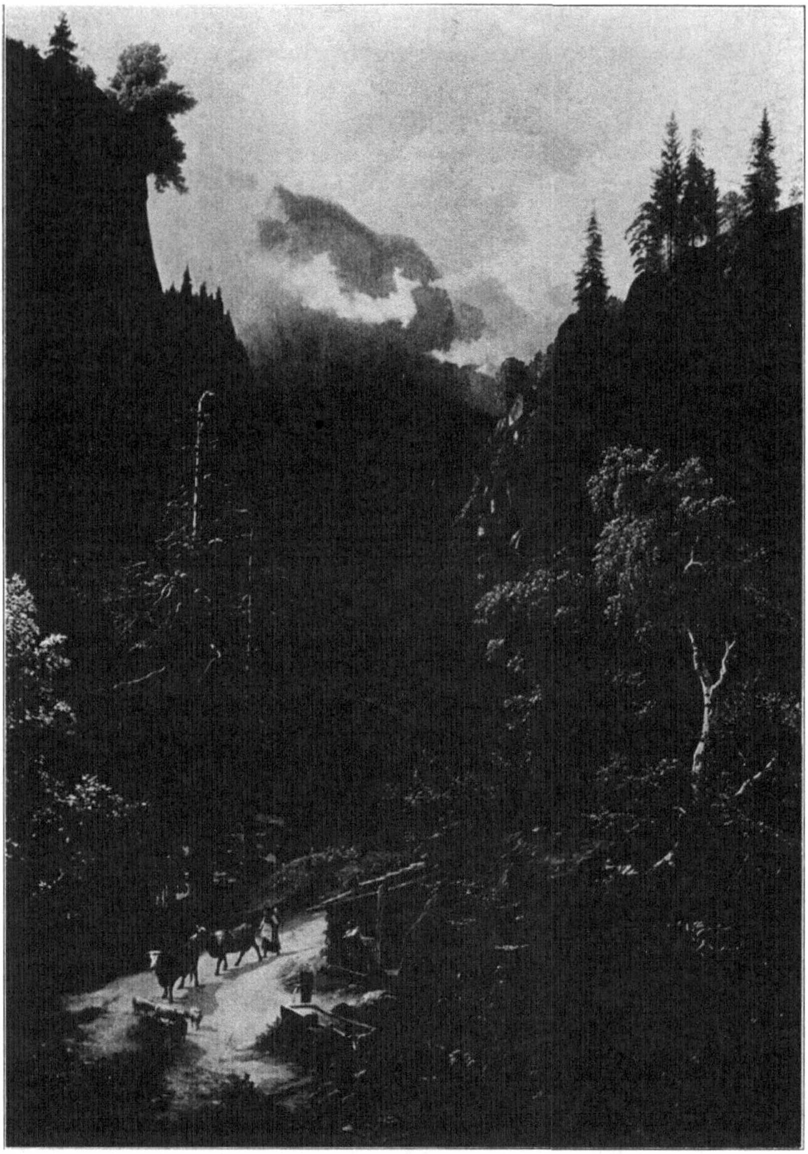

Johann Wilhelm Schirmer: Die Via mala in Graubünden.

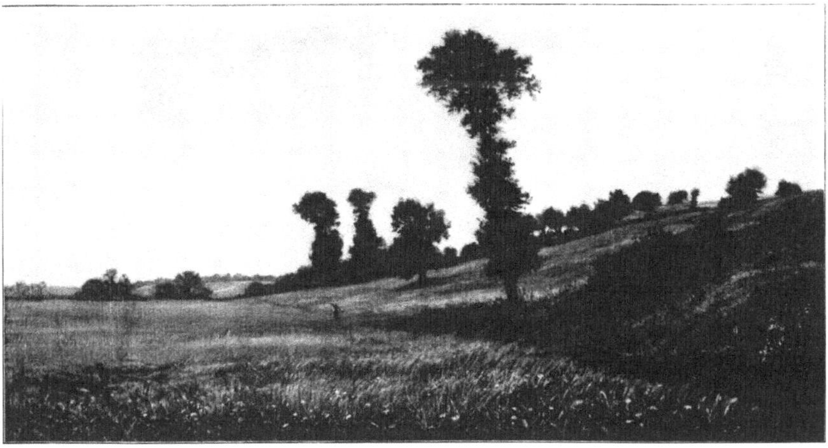

Karl Peter Burnitz: Die Halde.

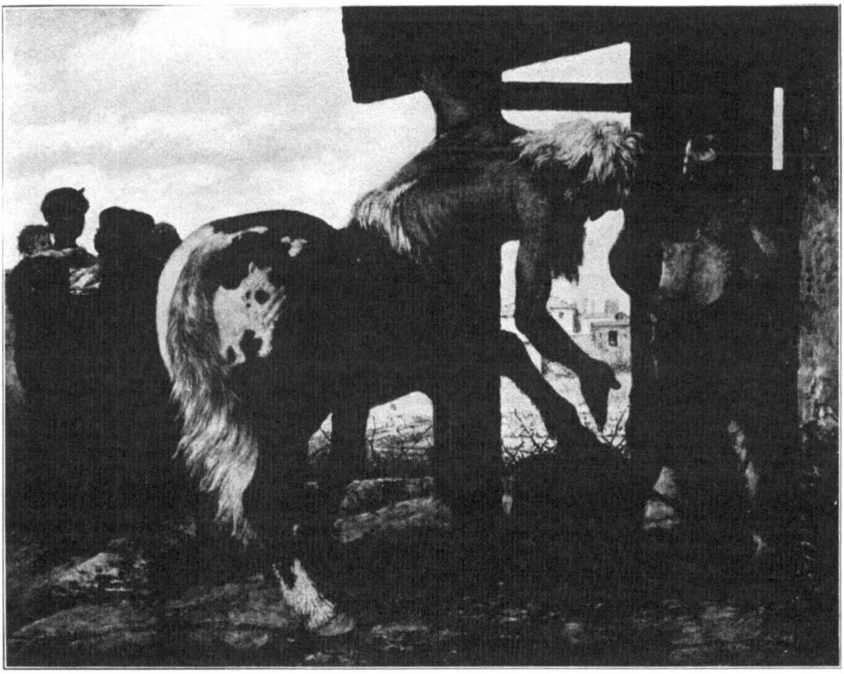

Photographieverlag der Photographischen Union in München.

Arnold Böcklin: Centaur in der Dorfschmiede.

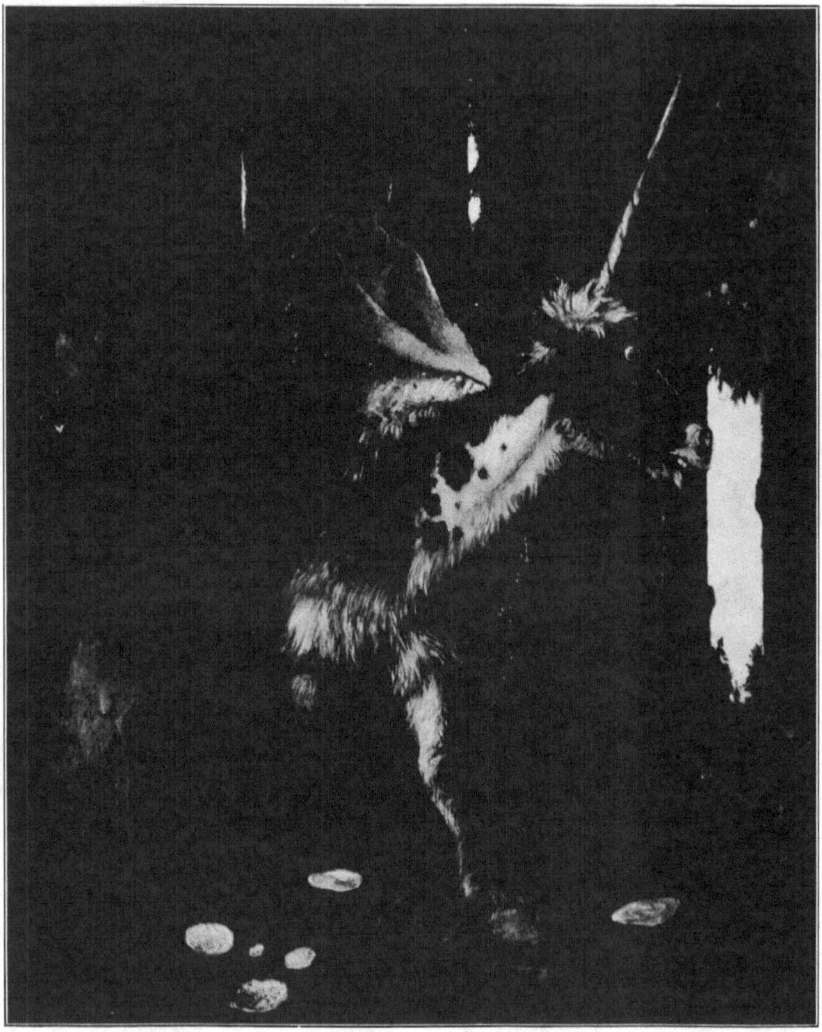

Photographieverlag der Photographischen Union in München.

Arnold Böcklin: Schweigen im Walde.

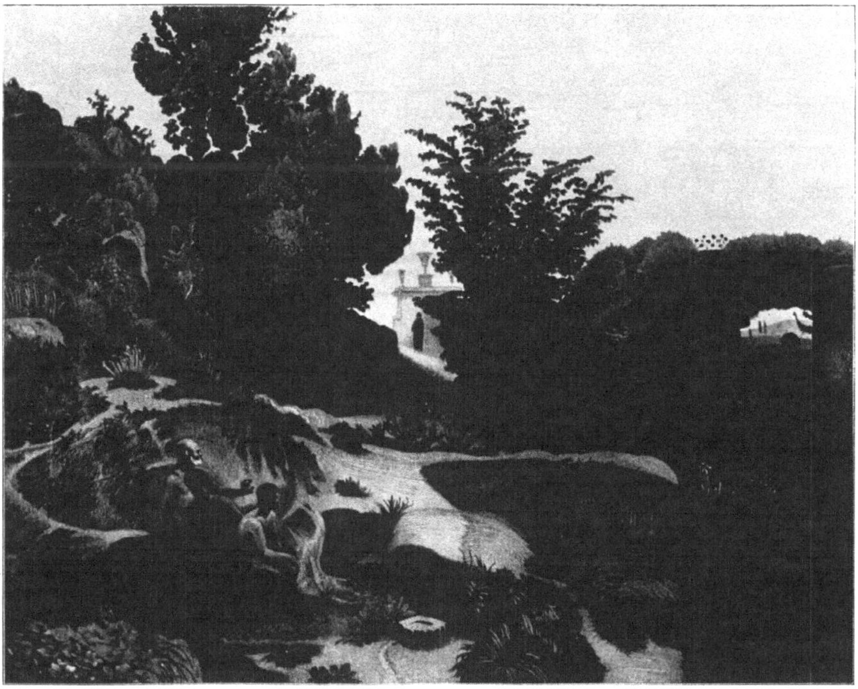

Heinrich Ludwig: Vom Paladin.

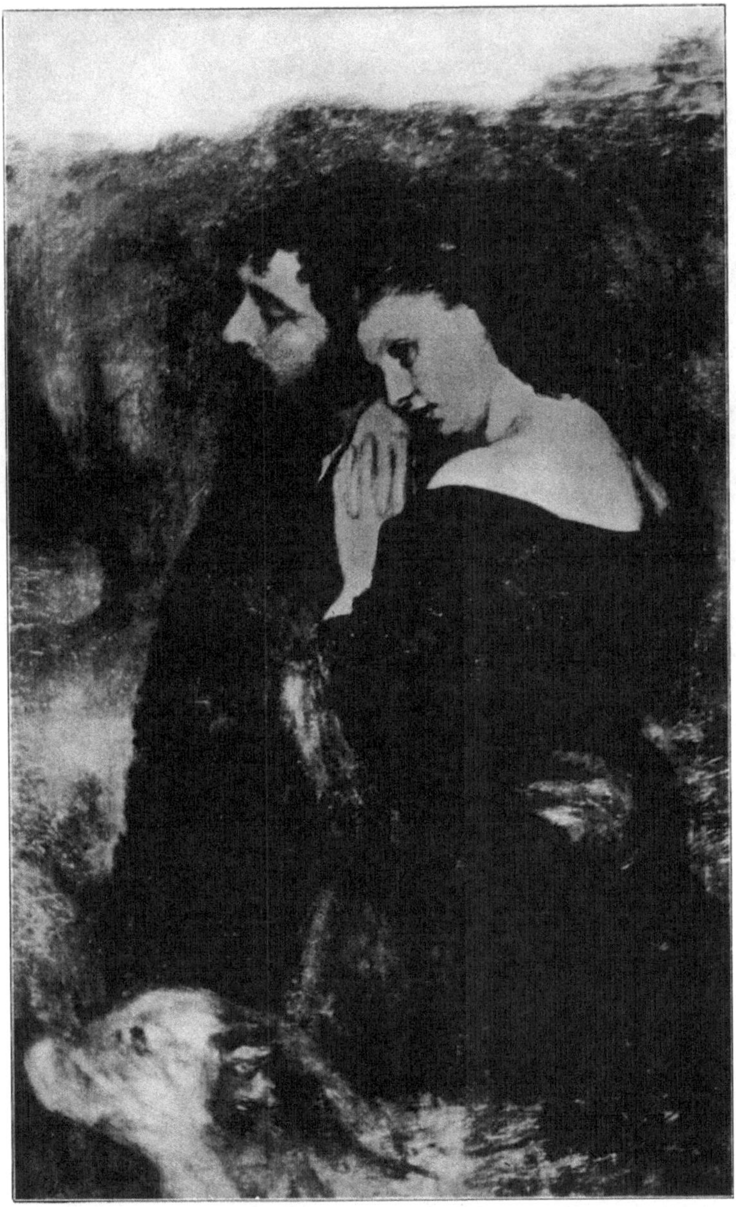

Viktor Müller: Liebespaar.

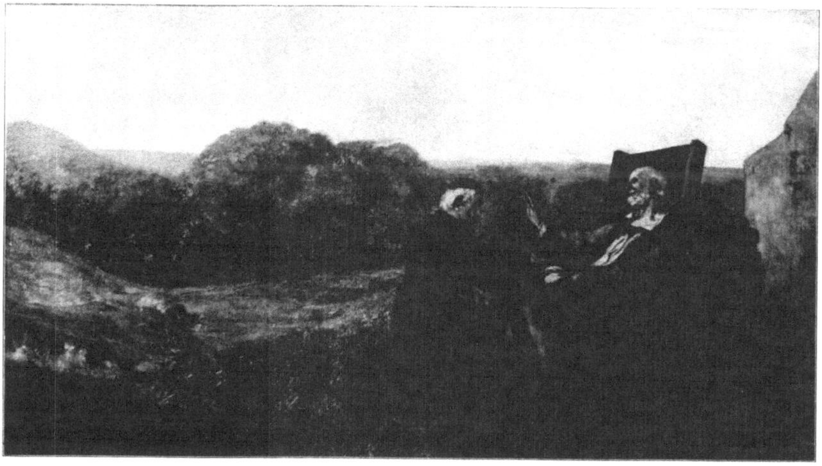

Viktor Müller: Szene aus Victor Hugos „Les misérables“.

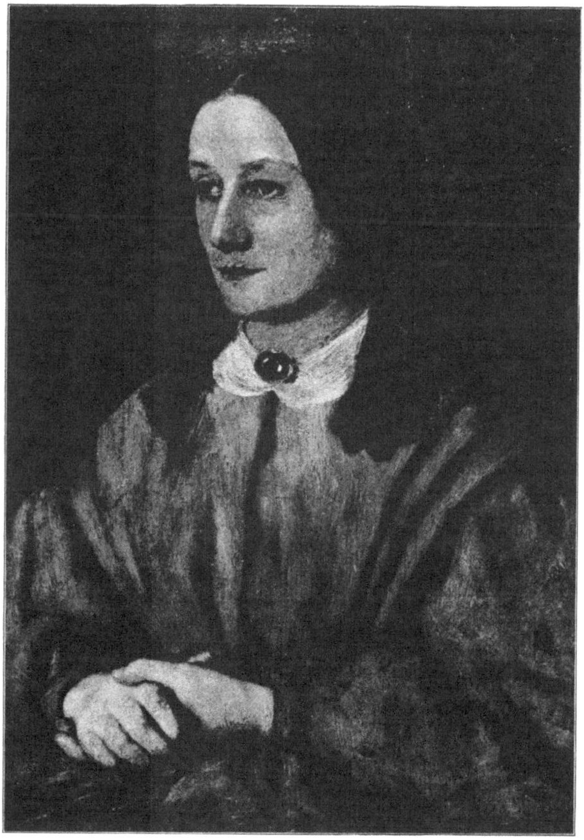

Otto Scholderer: Bildnis der Mutter.

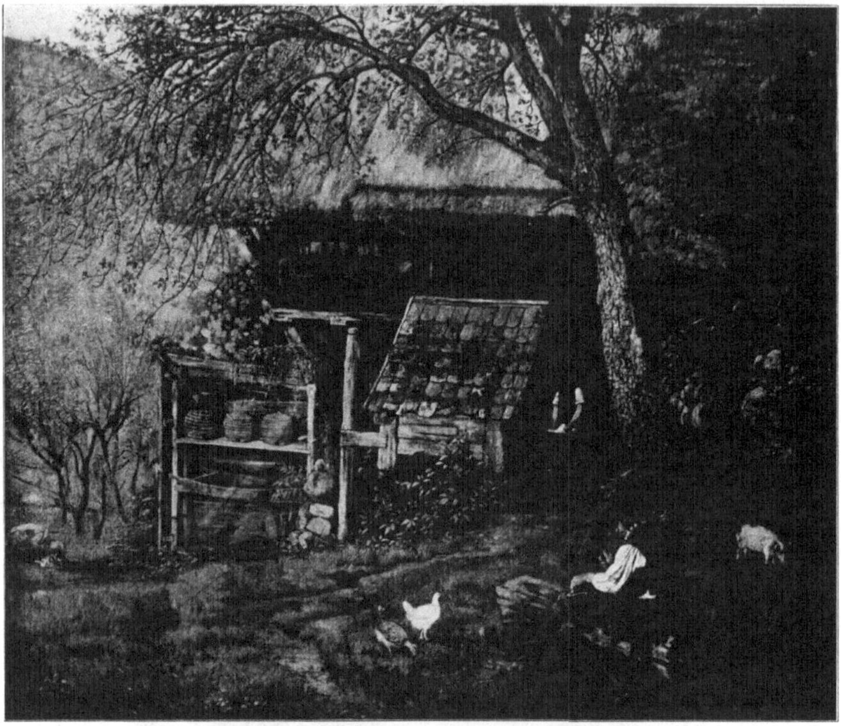

Otto Scholderer: Aus dem Schwarzwald.

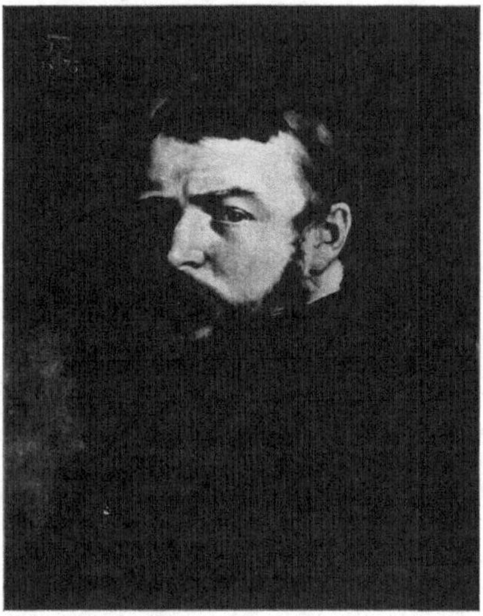

Hans Thoma: Selbstbildnis.

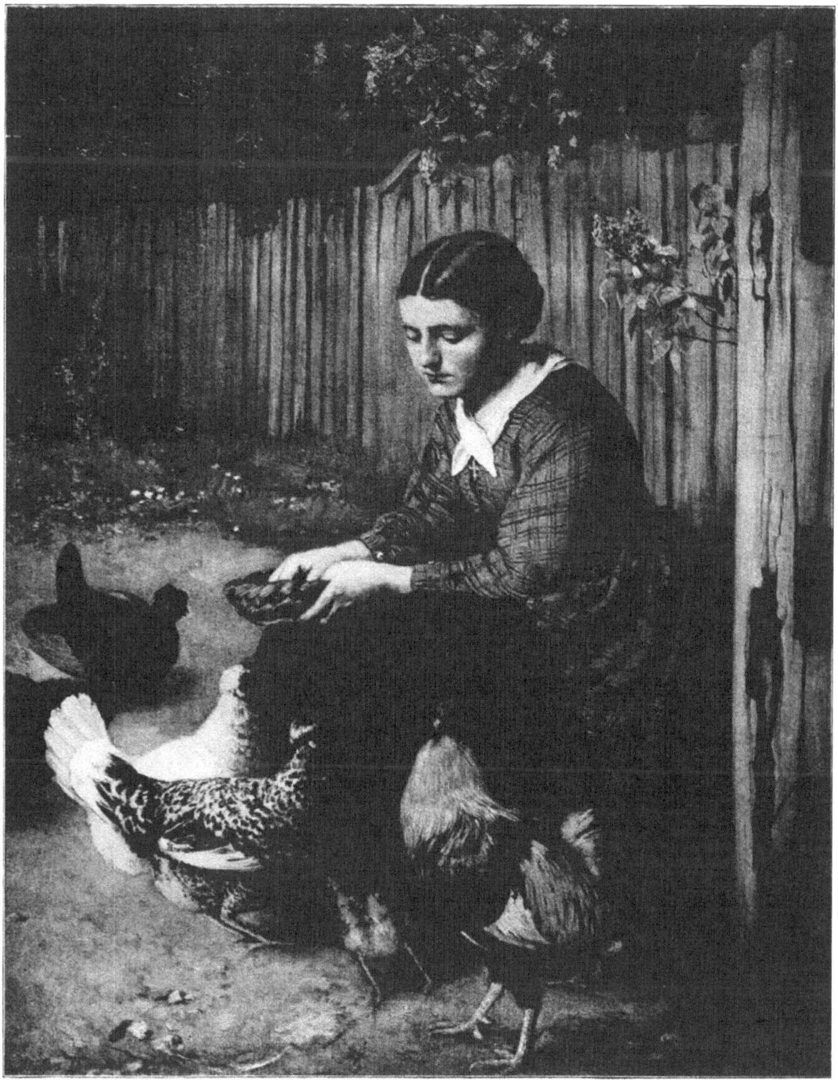

Hans Thoma: Mädchen, Hühner fütternd.

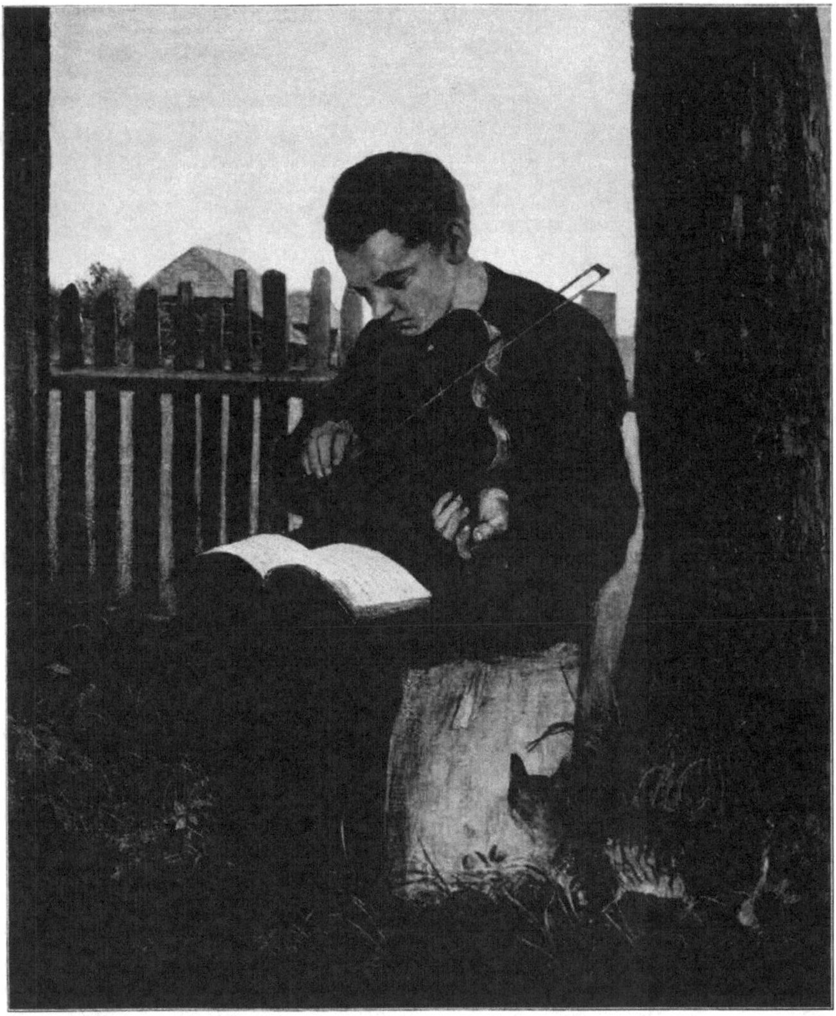

Hans Thoma: Der Dorfgeiger.

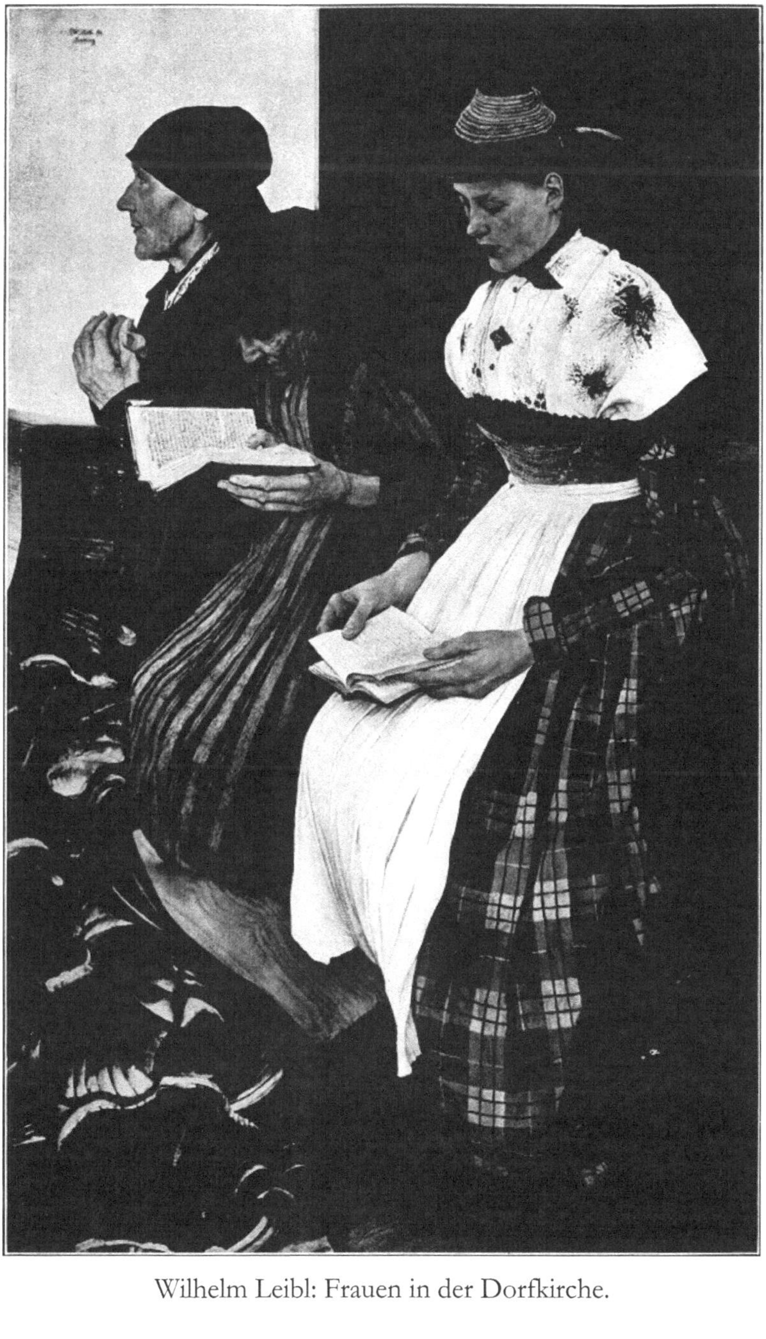

Wilhelm Leibl: Frauen in der Dorfkirche.

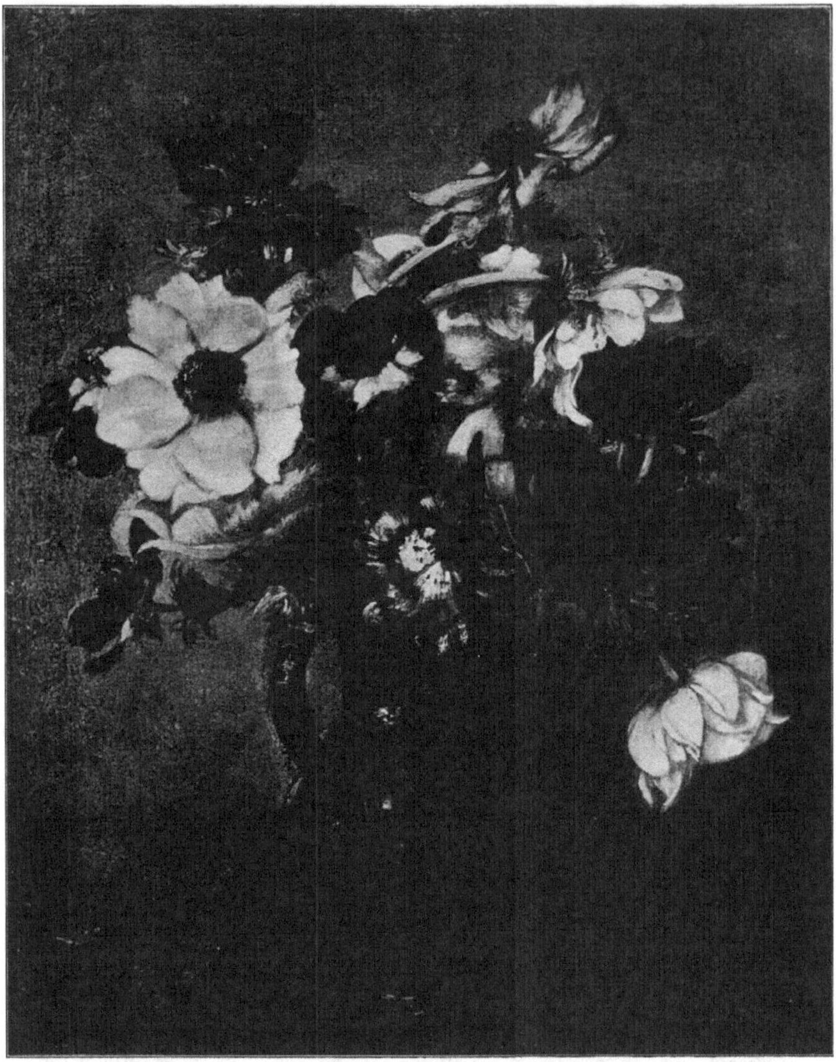

Cella Thoma: Blumenstück.

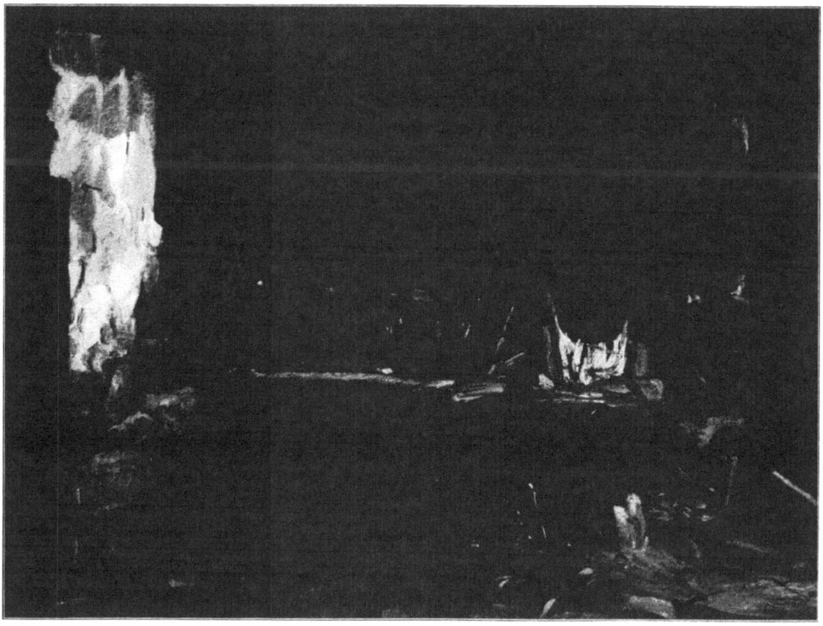

Eugen Bracht: Herd im Thomaschen Hause zu Bernau.

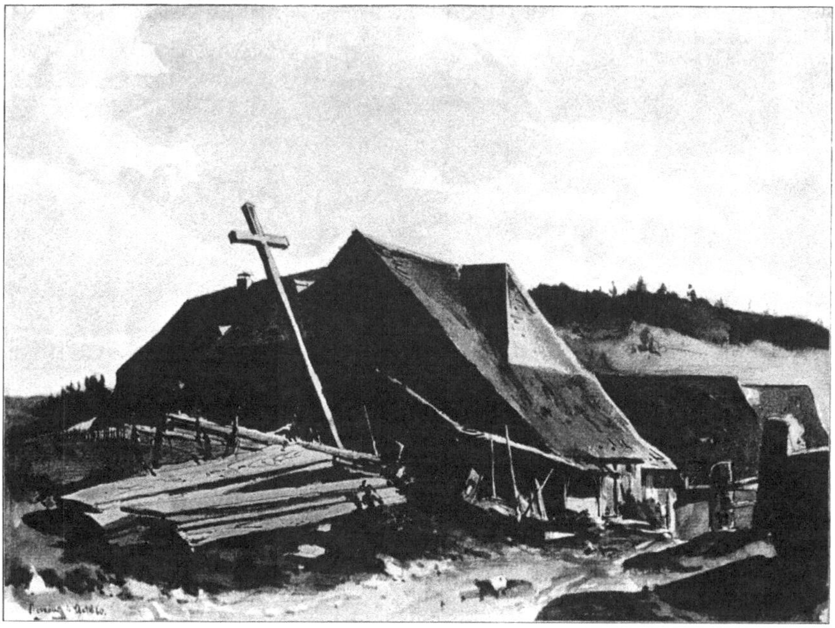

Eugen Bracht: Nachbarhaus in Bernau.

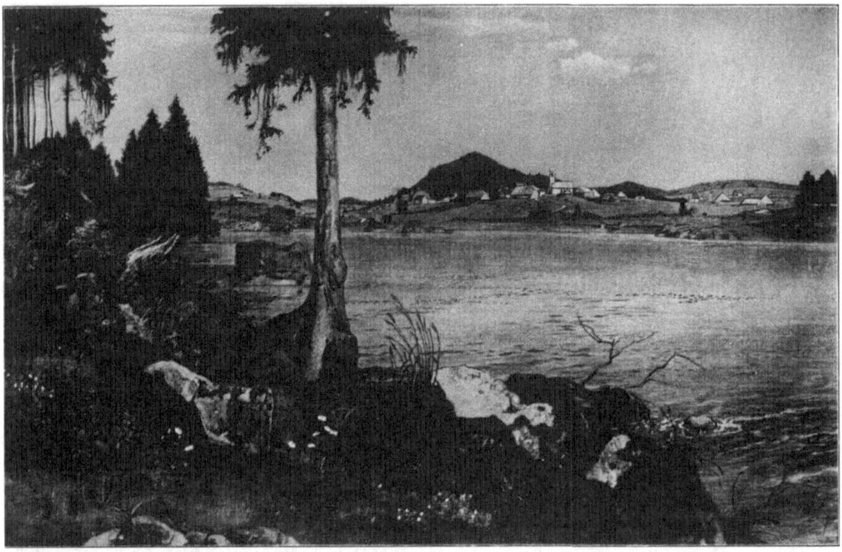

Emil Lugo: Am Schluchsee.

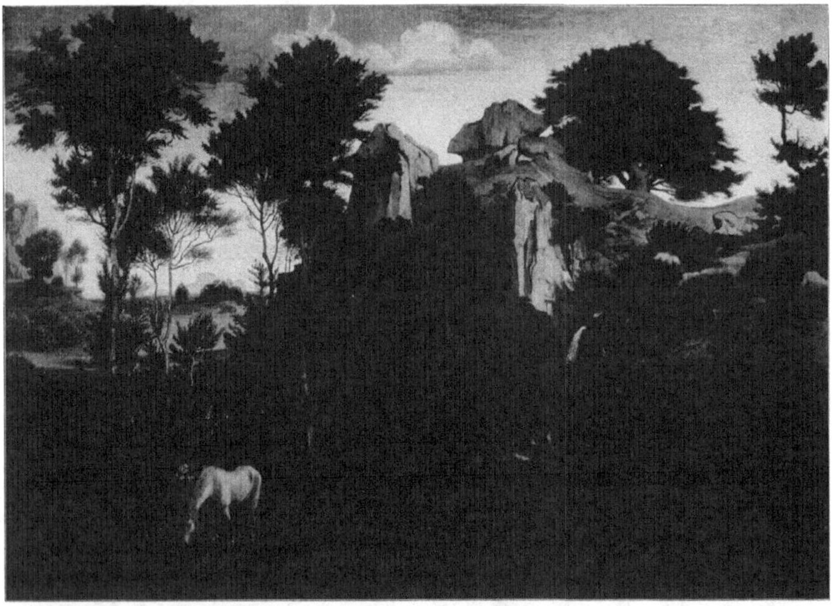

Emil Lugo: Aus dem romantischen Reich.

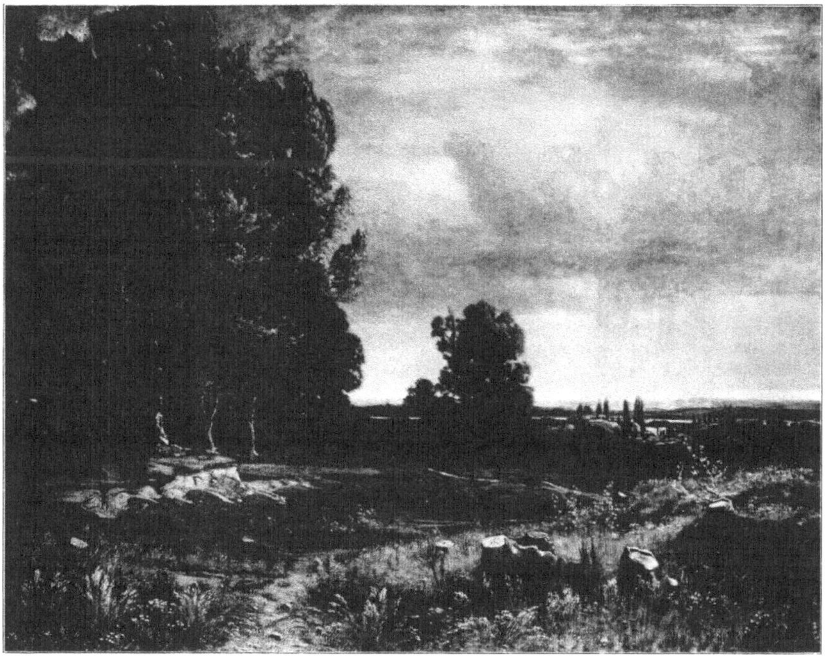

Adolf Stäbli: Regenlandschaft.

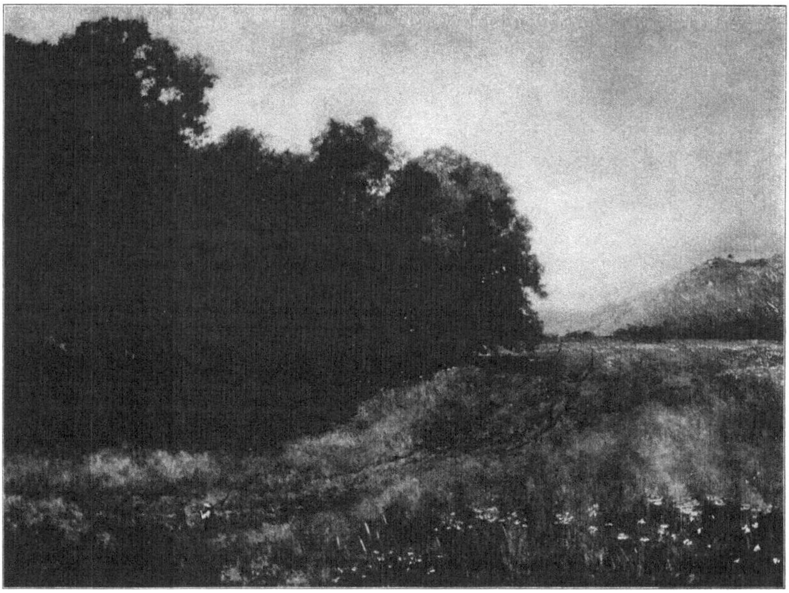

Louis Eysen: Feldweg bei Cronberg im Taunus.

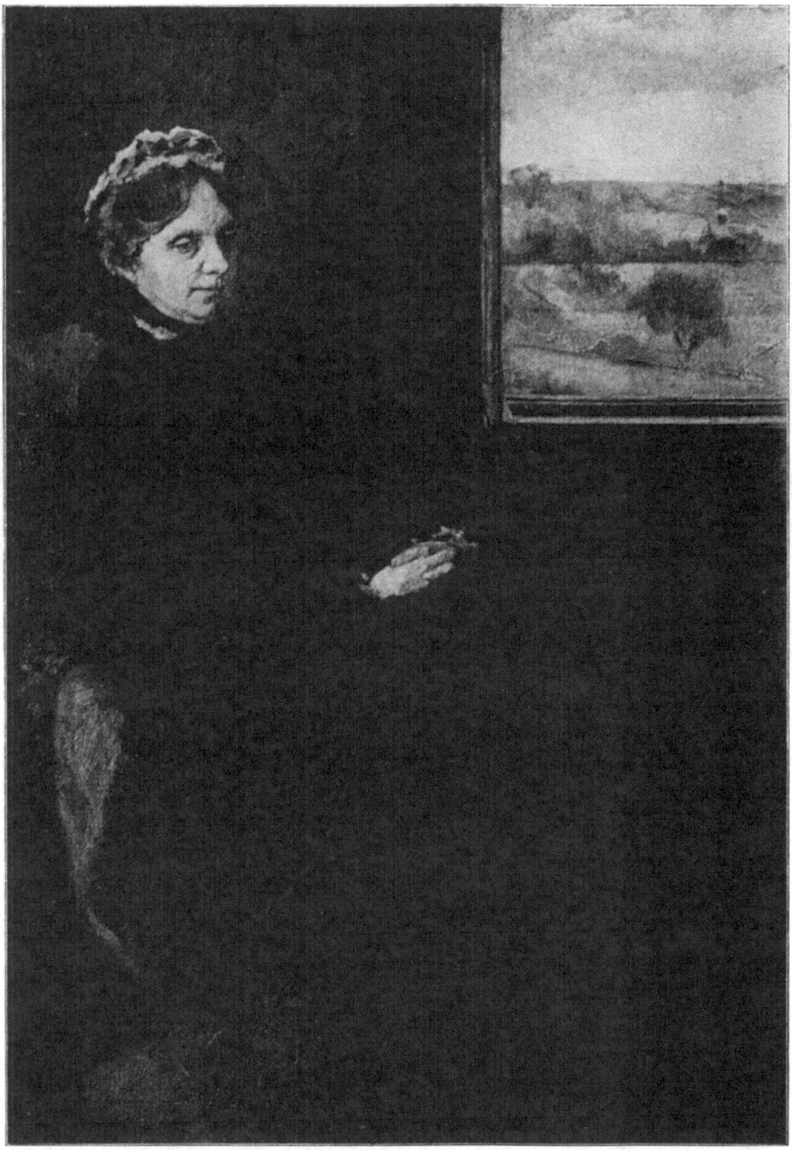

Louis Eysen: Bildnis der Mutter.

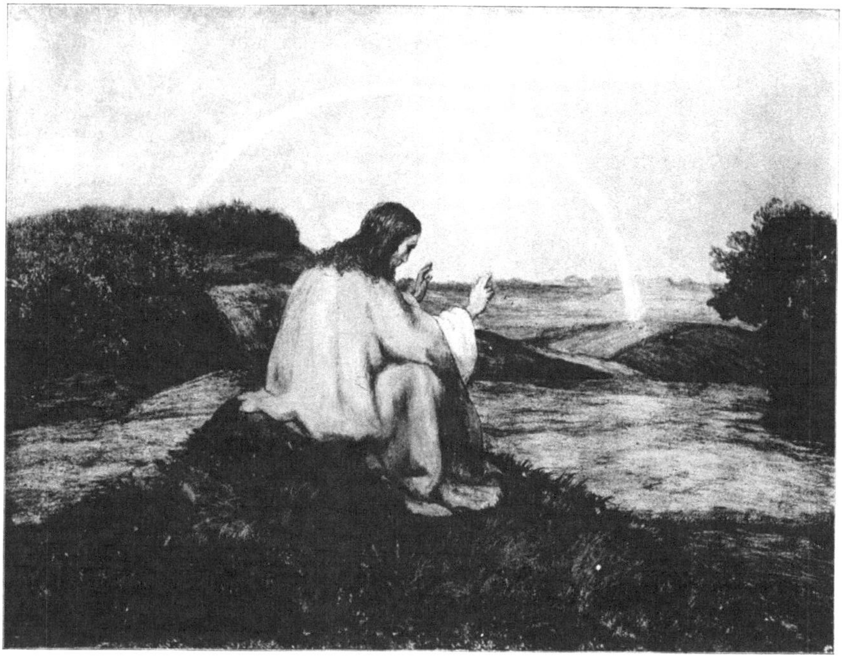

Wilhelm Steinhausen: Jesus segnet die Felder.

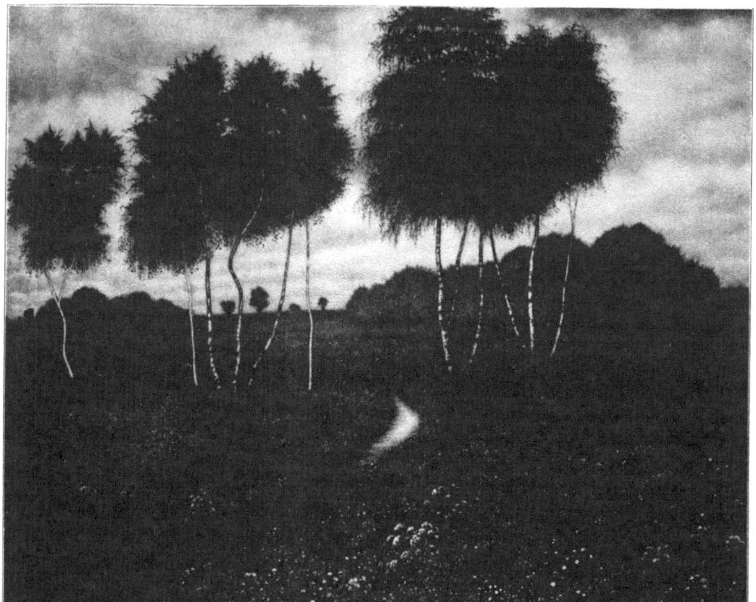

Karl Haider: Landschaft.

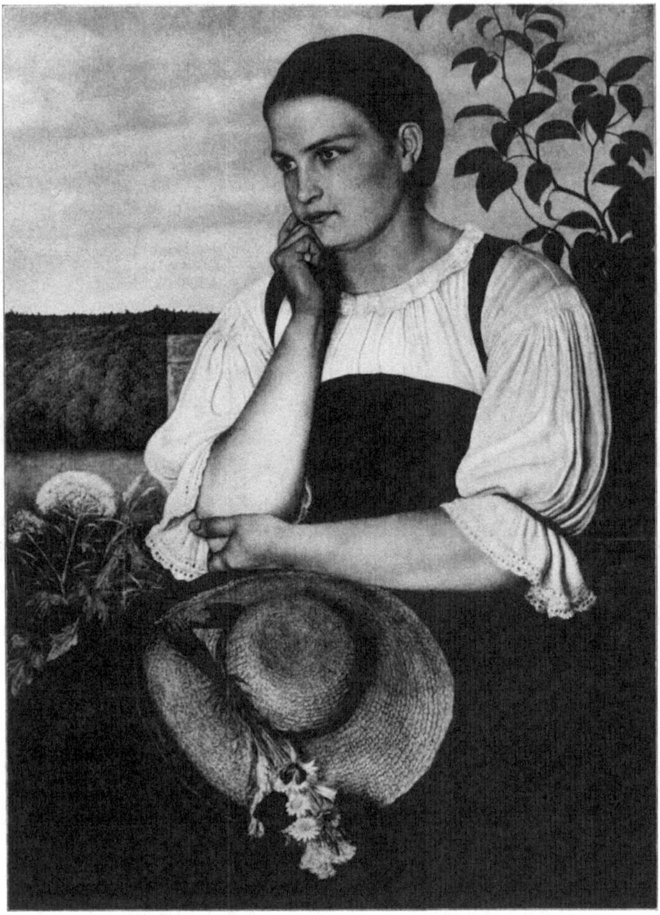

Karl Haider: Mädchen.

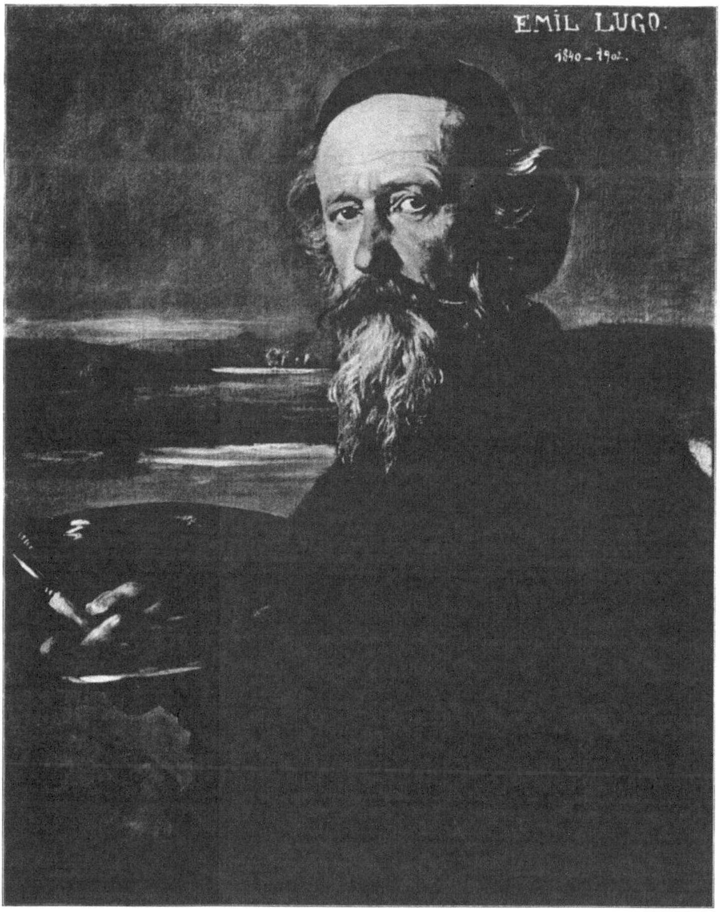

Albert Lang: Bildnis Emil Lugos.

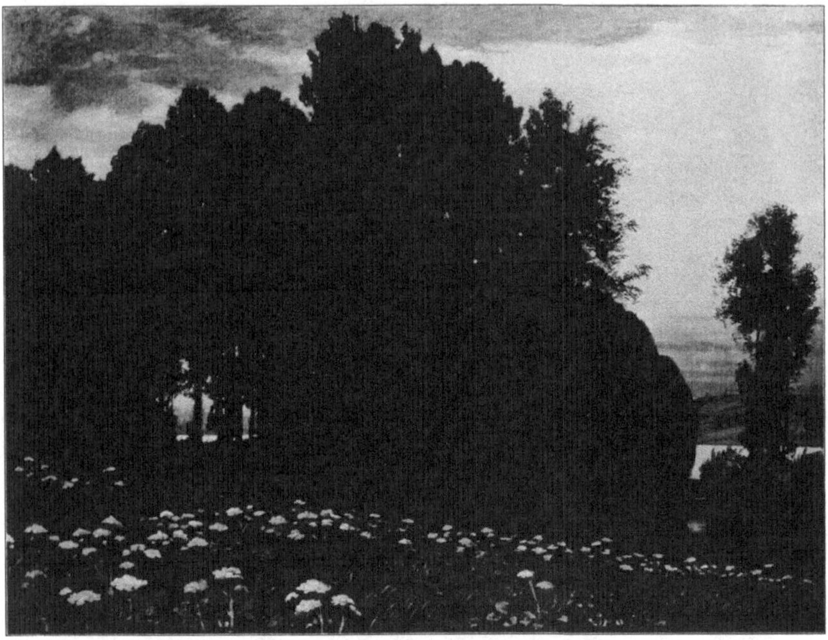

Albert Lang: Blumige Wiese.

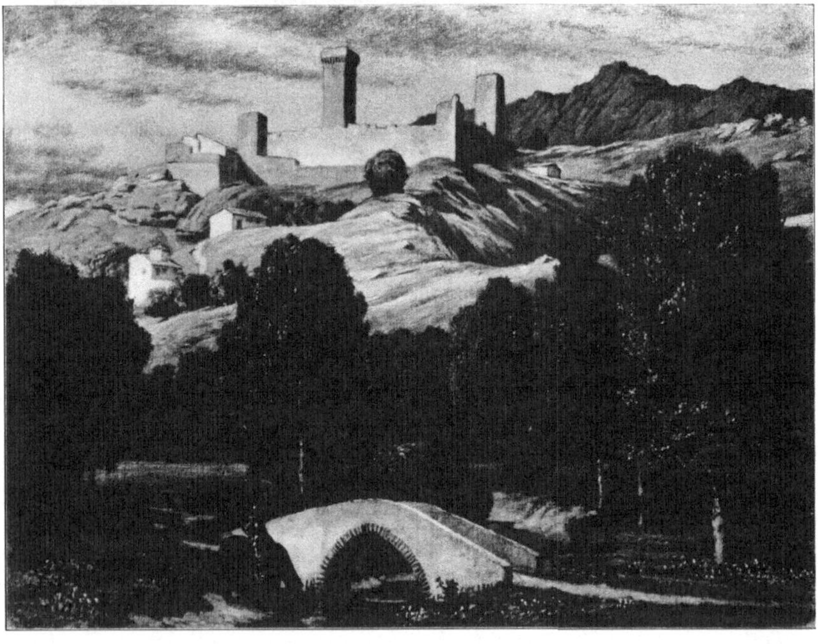

Albert Lang: Abendstimmung.

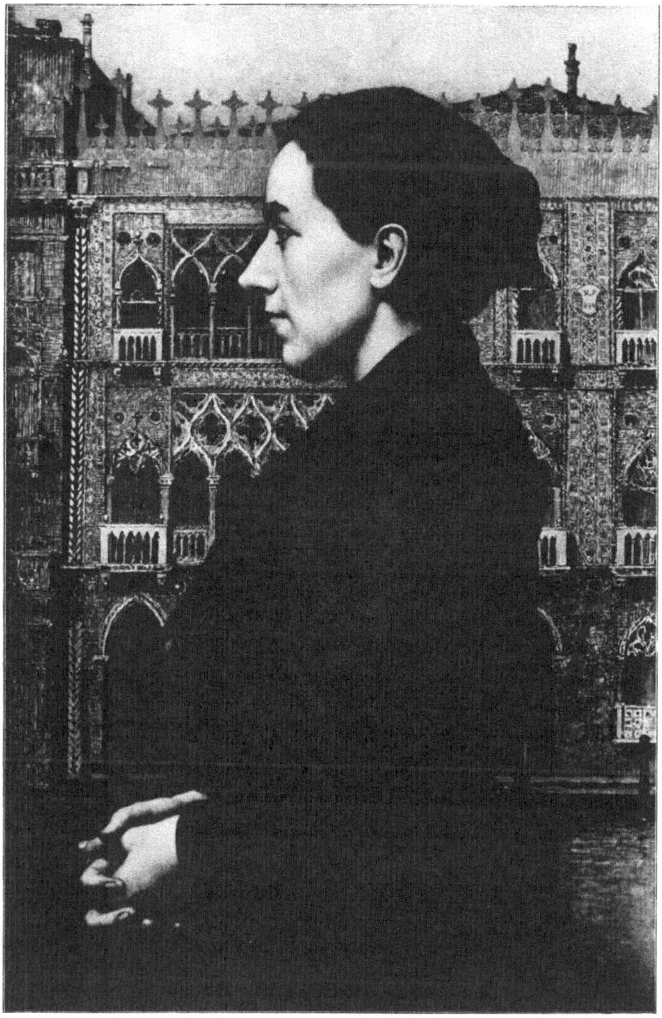

Karl von Pidoll: Bildnis.

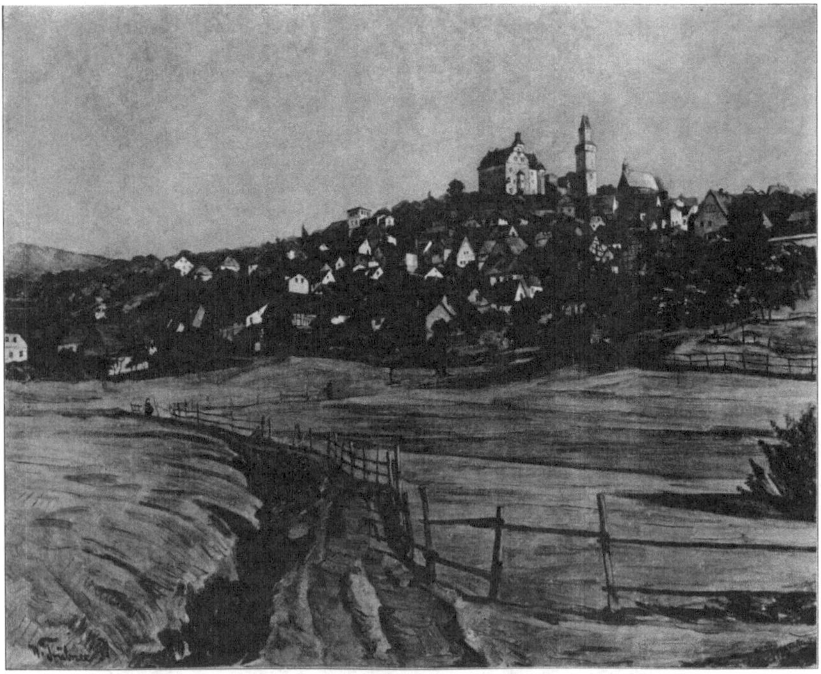

Wilhelm Trübner: Cronberg im Taunus.

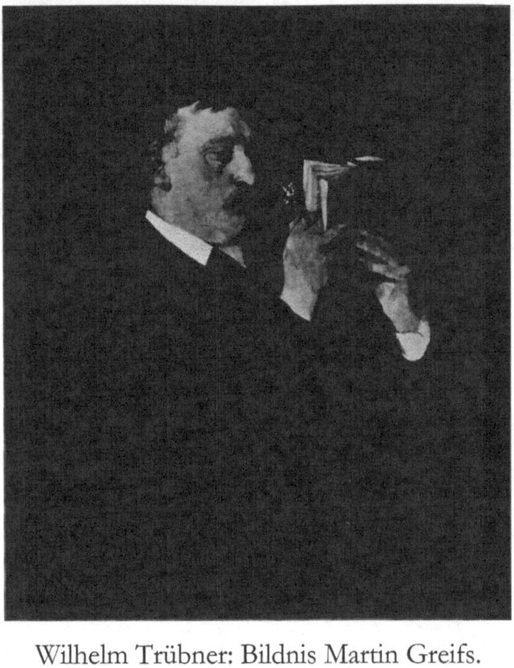

Wilhelm Trübner: Bildnis Martin Greifs.

Viktor Müller	Liebespaar	21	
	Szene a. Viktor Hugos „Les misérables“	23	Städtische Samml. Frankfurt a. M.
Karl Frhr. von Pidoll zu Quintenbach	Bildnis	65	Städelsches Institut Frankfurt a. M.
Johann Wilhelm Schirmer	Die Via mala in Graubünden	11	Kunsthalle Karlsruhe
Otto Scholderer	Bildnis der Mutter	25	
	Aus dem Schwarzwald	27	Städtische Samml. Frankfurt a. M.
Adolf Stäbli	Überschwemmung	6	Neue Pinakothek München
	Regenlandschaft	47	Städelsches Institut Frankfurt a. M.
Wilhelm Steinhausen	Jesus segnet die Felder	53	
Cella Thoma	Blumenstück	37	Kunsthalle Karlsruhe
Hans Thoma	Mutter und Schwester	4	
	Bildnis Adolf Bayersdorfers	5	
	Selbstbildnis	29	
	Mädchen, Hühner fütternd	31	
	Der Dorfgeiger	33	
Wilhelm Trübner	Cronberg im Taunus	67	
	Bildnis Martin Greifs	69	

Graphische Kunstanstalten J. J. Weber, Leipzig

MAINZER VOLKS- UND JUGENDBÜCHER

Unter Mitarbeit namhafter zeitgenössischer Schriftsteller
herausgegeben von Wilhelm Kotzde
Verlag von Jos. Scholz in Mainz

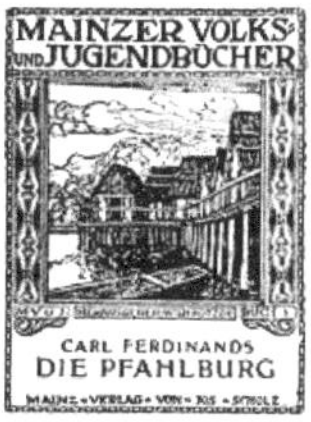

Eine spannend geschriebene Urzeiterzählung aus Rheinlands Pfahlbürgerzeit . . . . . 155 Seiten

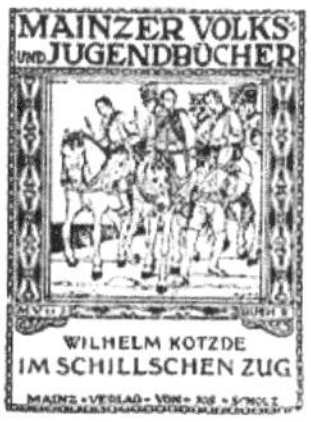

Eine lebendige Darstellung der großen Tage von Kolbergs Verteidigung . . . . . . 163 Seiten

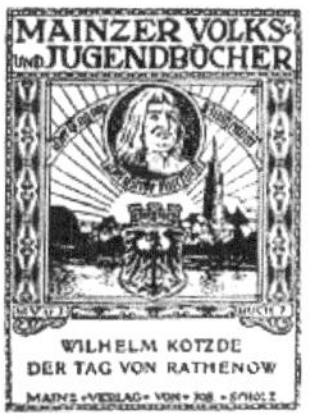

Eine kraftvolle, fesselnde Erzählung aus der Zeit des Großen Kurfürsten, ein überaus lebensvolles Bild aus der Geschichte Preußens 213 Seiten

Der Jugend nur das Beste!

Der Erfolg der hundertfältig von maßgebenden pädagogischen und literarischen Blättern empfohlenen „Mainzer Volks- und Jugendbücher" ist in den Vorzügen begründet, die die Bücher vor allen anderen auszeichnen. Das Charakteristische der Sammlung ist kurz: Größere Erzählungen namhafter zeitgenössischer Schriftsteller. Eigenartiger Stoff, den Bedürfnissen der Jugend entgegenkommend, spannende Handlung, naturwahre Darstellung. Prächtige Schilderung, mustergültige Sprache, vorbildliche Buchausstattung. Bilder von ersten deutschen Künstlern. Bis jetzt liegen zehn in jeder Beziehung bedeutende Bände vor von: Gustav Falke, Carl Ferdinands, Max Geißler, Kurt Geucke, Eberhard König, Wilh. Kotzde, Joseph Lauff, Charlotte Niese. Jedes Buch, in Leinen gebunden, kostet 3 Mark. Weitere Bücher in Vorbereitung. Noch eine ganze Reihe unserer hervorragendsten Dichter und Schriftsteller sagten ihre Mitarbeit zu. Viele Schulbehörden, Ministerien, Regierungen und städtischen Schulverwaltungen erkannten den Wert des Unternehmens an und empfahlen die „Mainzer Volks- und Jugendbücher" nachdrücklich für Schülerbibliotheken. Nicht umsonst nennen sie sich aber auch **Volksbücher.** Wie jedes rechte gute Buch, das die Jugend liebt, auch von Erwachsenen gern gelesen wird, so sind die „Mainzer Volks- und Jugendbücher" berufen, alt und jung gleicherweise Freude zu machen.

Außer den nebenstehend abgebildeten 8 Büchern liegen noch vor: Carl Ferdinands, „Normannensturm" und Kurt Geucke, „Der Steiger vom David Richtschacht". Die Reihe wird fortgesetzt.
Preis eines jeden mit Bildern geschmückten Buches
ungebunden Mk. 2.50, gebunden Mk. 3.

„Das Literarische Echo", bekanntlich eines maßgebendsten Literaturblätter, schreibt: „Mit einem neuen wertvollen Unternehmen tritt der Verlag von Jos. Scholz in Mainz auf den Plan. Er eröffnet eine Sammlung von Erzählungen, die der **Aufmerksamkeit aller Eltern und Erzieher nachdrücklichst empfohlen** werden darf. Der Name des Herausgebers, des vortrefflichen Jugendschriftstellers Wilhelm Kotzde, bürgt für den Ernst und den Geschmack, mit dem die Auswahl der einzelnen Bände getroffen ist, und der Verlag hat den Büchern eine in jedem Betracht **vorbildliche und mustergültige Ausstattung** zu teil werden lassen. Es ist sehr erfreulich, daß mit diesem Unternehmen deutschen Dichtern u. Schriftstellern die Gelegenheit und der Anreiz geboten wird, auch für die deutsche Jugend und die einfacheren Volkskreise zu schreiben. Diese Sammlung neugeschaffener Jugendbücher verspricht dank der Qualität ihrer Mitarbeiter und der Sorgfalt ihrer buchtechnischen Herstellung **in ihrer Art die beste** zu sein, welche wir haben."

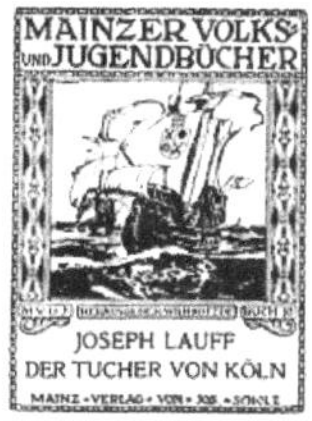

Eine wuchtige Schilderung d. Kämpfe der Zünfte wider die Geschlechter, ein lebensvolles Bild der städt. Verfassung Kölns jener Zeit. 208 Seiten

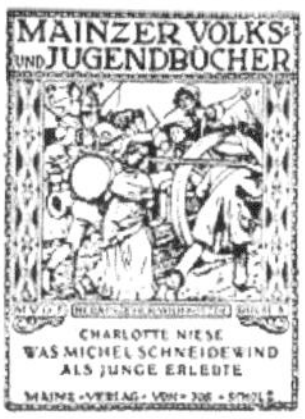

Aus der Zeit der großen Französischen Revolution. Eine gewaltige Handlung, von der Dichterin mit Wärme u. stillem Humor bemeistert. 201 Seiten

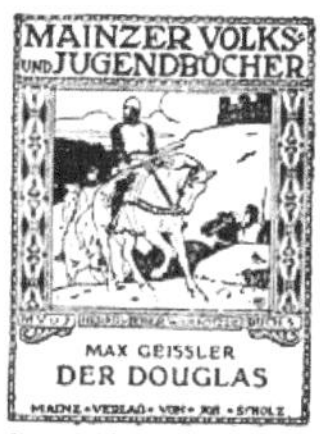

Eine anziehende Geschichte aus Schottlands bewegter Vergangenheit . . . . 205 Seiten

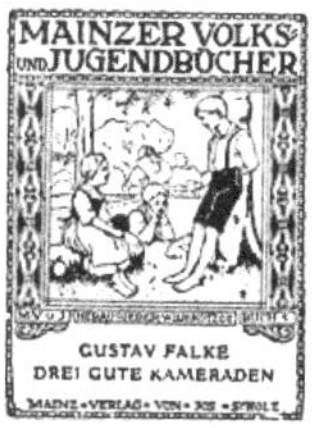

Kinderglück, Kinderleid, behagliche Kleinmalerei und Humor, das alles übersonnt, spinnt diese Geschichte des Dichters, die besonders für Mädchen viel Anziehendes hat . 167 Seiten

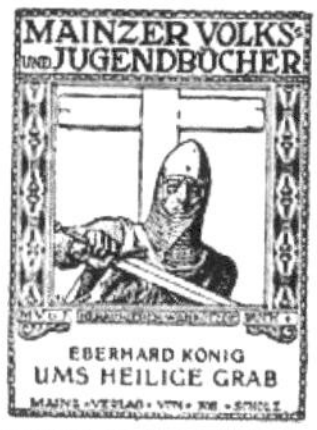

Erzählung aus der Zeit der Kreuzzüge und der ersten Deutschritterkämpfe in Preußen . 201 Seiten

Der fruchtbare Gedanke, unsere besten lebenden Erzähler in den Dienst der Jugend zu stellen, ist hier Wirklichkeit geworden. Literarischer Ratgeber des Dürerbundes.

Das Deutsche Jugendbuch

Unter Mitarbeit namhafter Schriftsteller und Künstler herausgegeben von Wilhelm Kotzde

Das Deutsche Jugendbuch will ein Buch für alle Kinder sein, für die großen und für die kleinen. In buntem Wechsel bringt es Märchen, Geschichten, Lieder, Reime, Rätsel und Bilder. Unsere besten Künstler beteiligten sich an dem Buche. Namen wie Blüthgen, Ferdinands, Geucke, Krügel, Kotzde, von Malern Müller-Münster, Schmidhammer, Schroedter, Gebhardt, Mickelait, Weingaertner, Bossert, Stroedel bürgen dafür, daß der Jugend hier in Wort und Bild Gutes und Gediegenes geboten wird. Rätsel, Spiele und Aufgaben mancherlei Art geben dem Kinde Gelegenheit zu heiterer Beschäftigung. Auch die Eltern werden gern in das Buch sehen, und wenn es die Familie zu gemeinsamer Freude zusammenführt, wird es seine Aufgabe recht erfüllt haben.

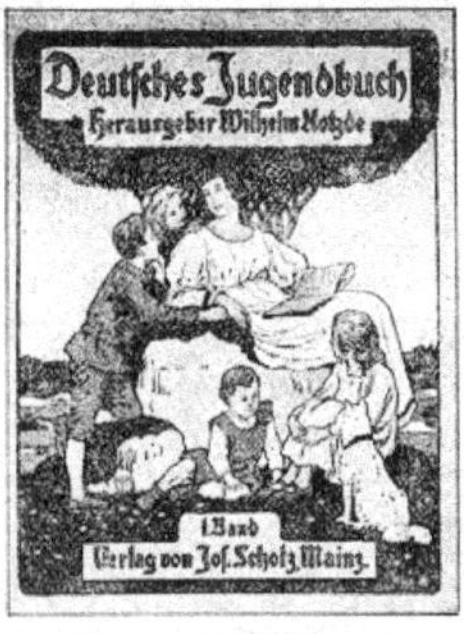

Das 192 Seiten starke Buch kostet fest gebunden nur

3 Mark

In jedem Jahre wird ein in sich vollständig abgeschlossener, von dem vorhergehenden unabhängiger Band erscheinen

Aus dem Inhalte

Ludwig Bechstein: Der wandernde Stab; Victor Blüthgen: Kinderparadies; Carl Ferdinands: Mutters Nachtgebet — Der unschlüssige Maikäfer — Hänschen im Postkasten; Konrad Fischer: Der Vogelhüter; Kurt Geucke: Unterm Glockenläuten; Goethe: Johanna Sebus — Legende vom Hufeisen; Brüder Grimm: Das Wasser des Lebens — Der Zaunkönig und der Bär — Der gute Handel — Die beiden Wanderer; Friedrich Halm: Die Glocke von Innisfare; Friedrich Hebbel: Ein dithmarscher Bauer; Friedrich Jacobs: Der Holzhauer; A. Kopisch: Der scharfe Tabak — Die fexierten Frösche; Wilhelm Kotzde: Seltsame Wanderschaft — Rotbuckel — Die Freunde — Ostmärkisches Bauernlied, vertont von Rud Buck — Neckreim; Gerhard Krügel: Die Baldersage; Meinrad Lienert: Das Christkind — Der Liebgott, der alles sieht; Mörike: Der Zauberleuchtturm — Elfenlied; Franz von Pocci: Die Kinder im Walde; Promber: Spiele und Aufgaben; Adolf Schmitthenner: Die vier Fichten; Gustav Schwab: Johannes Kant; Carl Stöber: Handwerk hat einen goldenen Boden. Gedichte — Sinnsprüche — Rätsel — Experimentierscherze — Spiele — Kunststückchen — Schnellsprechübungen, Scherzfragen

Vom Sonnenberg

Ein Buch für groß und klein von Wilhelm Kotzde. 82 Seiten. Gebunden . . . . 1 Mark

Das Einbandbild ist eine rechte Zusammenfassung dessen, was das Buch bietet. Freude will es geben für große und kleine Kinder und für die Eltern, die mit ihren Kindern sich freuen können, obendrein. Die besten und bekanntesten Dichter haben sich vereinigt, um in Märchen, Liedern und Geschichten von heiteren und nachdenklichen Dingen zu erzählen. Hermann Berdrow, Karl Bienenstein, Victor Blüthgen, Mart Boelitz, Wolrad Eigenbrod, Gustav Falke, Carl Ferdinands, Max Geißler, Eberhard König, Wilhelm Kotzde, Gerhard Krügel u. Adolf Schmitthenner sind vertreten, und wie die verschiedenartigsten Dichter sich zusammenfanden, so ist auch der Inhalt mannigfachster Art, so daß jedes Kind und jedes Haus in dem reichen Buch für sich etwas finden wird. Dazu hat das Buch einen ungewöhnlich reichen Bildschmuck, und auch da sind es die besten Künstler, die sich beteiligten. Selten ist ein so reichhaltiges, billiges Buch geboten worden, das jedem Kinde und jedem Hause etwas bringt

Von Hollas Rocken

Volksmärchen, neu erzählt von Eberhard König. Bildschmuck von Hans Schroedter. 93 Seiten. Gebunden . . . . 2 Mark

In den Werken der Forscher ruht noch ein großer Schatz der herrlichsten Volksmärchen verborgen und harrt des Dichters, der ihn hebt. Wie die Brüder Grimm und Ludwig Bechstein ihrem Volke einen unendlichen Reichtum mitteilten, so könnte das auch heute geschehen. Und es ist in diesem Buche geschehen. Ganz prächtige Stücke werden hier gegeben. Das sind Märchen von köstlichstem, überwältigendem Humor, wie „Vom Schneiderlein mit den drei Hunden", „Das Unglaubliche", „Der Hasenhirt", und andere Märchen wieder geben etwas von dem waldumrauschten Zauber deutscher Volksdichtung. „Das Märchen von der schönen Schwanenjungfer" und „Wie der starke Hans sein Glück fand" gehören sicherlich zum Schönsten deutscher Märchendichtung. Eine Reihe von farbigen Bildern u. Schwarzweißzeichnungen schmücken das Buch. Sie geben so recht den Zauber dieser Märchen wieder.

Neue Erzählungsbücher

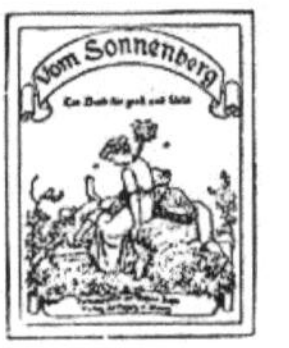

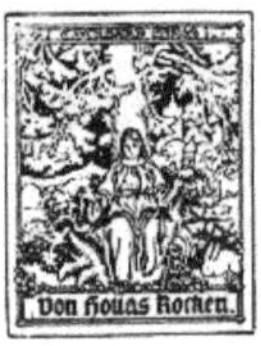

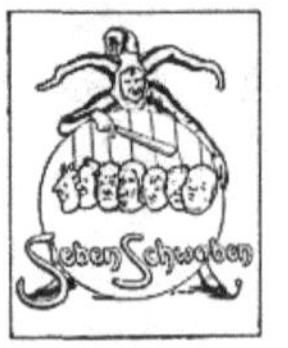

Herausgegeben von der Freien Lehrervereinigung für Kunstpflege, Berlin

Abenteuer der Sieben Schwaben und des Spiegelschwaben

Erzählt von Ludwig Aurbacher. Mit Bildschmuck von Max Wulff. 93 Seiten. Preis in Leinen . . . . 2 Mark

Ein von vielen vergessener Volksdichter, Ludwig Aurbacher, den man wohl neben Claudius und Hebel nennen sollte, hat uns die Abenteuer der Sieben Schwaben und des Spiegelschwaben berichtet. Es ist derselbe Stoff, wie ihn die Brüder Grimm geben, aber viel weiter und reicher. Voll der sonderbarsten Szenen und von so unverwüstlicher Laune, daß man schier nicht aus dem Lachen kommt, nimmt man das Buch einmal zur Hand. Aber es ist doch wenig bekannt geworden, weil es nicht im rechten Gewand geboten wurde. Dazu entschloß sich nun die Freie Lehrervereinigung für Kunstpflege in Berlin: Sie ließ das Buch mit Zeichnungen und farbigen Bildern von Max Wulff reich schmücken, und der Künstler hat in seine Bilder auch den ganzen Übermut gelegt, wie er aus den Abenteuern hervorsprudelt. Man wird das Buch neben den Eulenspiegel und die Schildbürger legen müssen, und jeder, der einmal lachen möchte, sei es groß oder klein, wird das Buch sich nicht entgehen lassen. Es gibt in der deutschen Volksdichtung nicht viel so Herz- und Scherzhaftes wie die Abenteuer der Sieben Schwaben und des Spiegelschwaben.

Das Deutsche Bilderbuch

Unter dieser Schutzmarke erscheinen im Verlage von Jos. Scholz, Graphische Kunstanstalt in Mainz, erstklassige Kinderbücher in sorgfältigster, farbiger Wiedergabe nach Originalen erster deutscher Künstler.

Mitarbeiter: Professor Julius Diez, München, Franz Jüttner, Berlin, H. Lefler, Wien, Professor Ernst Liebermann, München, Adolf Münzer, Berlin, Eugen Oswald, Arpad Schmidhammer, München, Hans Schroedter, Karlsruhe, Professor Hans Thoma, Karlsruhe, J. Urban, Wien u. a.

Die Vorzüge dieser Ausgaben des Deutschen Bilderbuches beruhen besonders in der echt künstlerischen und doch kindlichen Ausführung der Bilder, in deren sorgfältigster farbigen Wiedergabe und der technisch durchaus vollkommenen und vornehmen Ausstattung der Bücher bei niedrigster Preislage. Charaktervolle Kunst bieten die Bücher an Stelle des vielfach sich breitmachenden Charakterlosen und Süßlichen, Werke, über die der Erwachsene und Kunstverständige nicht lächelnd die Achseln zuckt, sondern deren er sich miterfreuen kann.

Märchen und Sagen

- Nr. 1. **Dornröschen,** gez. v. J. Diez, München
- Nr. 2. **Marienkind,** gez. von H. Lefler und J. Urban
- Nr. 3. **Aschenputtel,** gez. von A. Münzer
- Nr. 4. **Rotkäppchen,** gez. von A. Schmidhammer
- Nr. 5. **Hänsel u. Gretel,** gez. von R. Scholz
- Nr. 6. **Schneewittchen,** gez. von F. Jüttner
- Nr. 7. **Frau Holle,** gez. v. F. Kunz, München
- Nr. 8. **Froschkönig,** gez. von Ernst Liebermann
- Nr. 9. **Hans im Glück,** gez. v. Hans Schroedter

Jedes dieser 9 Bücher im Format 22:29 cm enthält 8 farbige Vollbilder und zahlreiche Textillustrationen. Preis **1 Mark.** Je 3 Märchen zusammen gebunden (1 bis 3 usw.) 3 Mark.

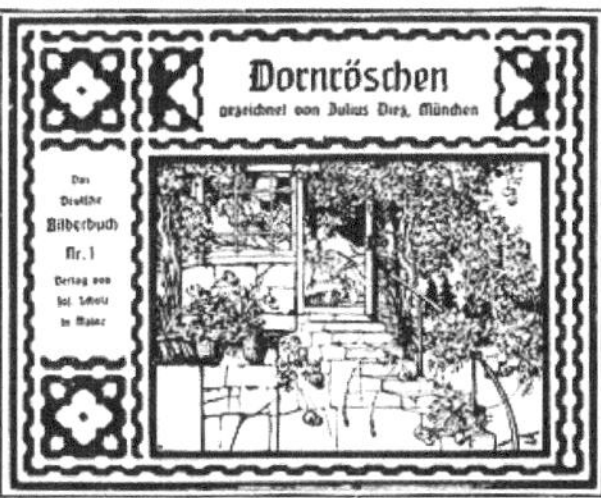

Urteile und Empfehlungen

(Nur einige der zu Hunderten vorliegenden)

„Wenn zur Weihnachtszeit die Flut der Bilderbücher steigt, so ist es uns ein Gefühl der Beruhigung, wenn wir im Strome einen sicheren Fährmann erblicken, der kundig eine gute Fracht geborgen hat und sie uns darbringt als eine solche, in die wir voll Vertrauen hineingreifen können. Wir fassen stets etwas Gutes. Der Verlag von Jos. Scholz in Mainz hat seinen kultivierenden Geschmack, mit dem er am Erziehungswerk des Kindes arbeitet, aufs neue bewiesen und bringt uns eine Fülle guter, zum Teil ganz vorzüglicher Leistungen." Frankfurter Zeitung.

„Hoffentlich gelingt es diesen Bilderbüchern dank ihres erstaunlich billigen Preises, endlich den fürchterlichen Schund, der übrigens meist erheblich teurer ist, auf diesem Gebiete zu verdrängen."
Leipziger Neueste Nachrichten.

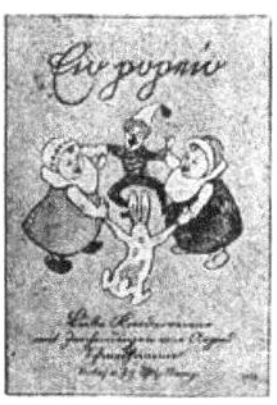

Unzerreißbar gebunden 3 Mark

Allerlei für die Kleinen und Kleinsten

	Mk.
Die Herzen auf. Ausgewählte Gedichte von Hoffmann v. Fallersleben mit Bildern von Lena Baurnfeind	1.—
Wie ist doch die Erde so schön. Gedichte von Rob. Reinick mit farbigen Bildern von Hans Schroedter	1.—
Jugendland. Obige 2 Bücher vereint	2.—
Tierbilder von Eugen Oßwald, mit Versen v. Gustav Falke. Bd. I u. II je	1.—
Band I und II vereinigt	2.—
Unzerreißbar auf Pappe. Band I und II vereinigt	3.—
Backe, backe Kuchen. Liebe Kinderreime mit Zeichnungen von Franz Jüttner, Berlin	3.—
Dasselbe unzerreißbar auf Pappe	3.—
Schau mich an. Erste Anschauungsbilder für die Kleinen farbig gezeichnet von O. Gebhardt, Gebunden	3.—

	Mk.
Sonnenscheinchens erste Reise von Clara Hepner mit Bildschmuck von Hans Schroedter	2.—
Gute Bekannte aus dem Tierreiche. Tierbilder von Karl Kappstein, Berlin. 16 farbige Vollbilder und ebenso viele Textseiten in 2 Bänden zu je 1 Mark, in einem Band 2 Mark. Unzerreißbar in einem Band 3 Mark, Prachtausg. in einem Band	3.—
Liebe alte Reime. Mit farbigen Bildern von Otto Gebhardt	2.—
Dasselbe unzerreißbar auf Pappe	2.50
Das macht Spaß! Ein Bilderbuch mit lustigen Versen v. Franz Mahler und 16 farbigen Zeichnungen von O. Gebhardt, Berlin	2.—
Neues Bilderbuch zum Ausschneiden und Einkleben von Irene Braun	1.—

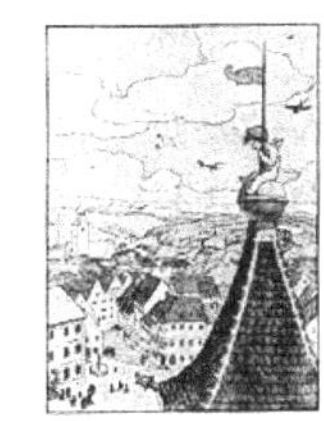

Aus: Sonnenscheinchens erste Reise

Der verlorene Pfennig

Lustige Bilder und Reime von Arpad Schmidhammer, München Geb. 3 M.

Eine allerliebste, glücklich erdachte und in seltener, herzlicher Natürlichkeit vorgeführte neue Geschichte von Hans Däumling. Mit etwa 80 wirklich kindlichen Bildern und Versen.

Mucki

Eine wunderliche Weltreise

Für unsre Kleinen gereimt und gezeichnet von Arpad Schmidhammer, München

Vornehm gebunden . . 3 Mark
Unzerreißbar auf Pappe M. 3.50

Schlimme Streich'

von Hans und Grete, Liese, Fritz und Ernst und Käthe

Bilder und Reime von Arpad Schmidhammer, München

Dauerhaft gebunden . . 2 Mark
Unzerreißbar auf Pappe Mark 2.50

Lustige Märchen

Von Wilhelm Kotzde mit Bildern von Arpad Schmidhammer München

Gebunden 3 Mark

Heinz Sausebraus' Himmelfahrt

(Ein Luftschiffscherz)

Verse von C. Ferdinands

Bilder von Arpad Schmidhammer,

Gebunden 1 Mark

Ein prächtiges Familienbuch zur Pflege des deutschen Volksliedes.

Kindersang-Heimatklang.

Deutsche Kinderlieder. Tonsatz von Prof. Dr. Bernhard Scholz in Frankfurt a. M. Bildschmuck von Ernst Liebermann in München. 24 farbige Bildseiten, 32 Vignetten und 36 Notenseiten nebst unterlegtem Text zu 60 deutschen Liedern. Zwei elegant gebundene Bände zu je 2 Mk. Prachtausgabe in einem Band 5 Mk.

Es ist ein schöner Gedanke, der hier ausgeführt worden ist, man kann zur Pflege gemütvollen deutschen Familienlebens sich nichts Ansprechenderes denken. Auch die neuen Veröffentlichungen des Scholzschen Verlages zeichnen sich aus durch wertvollen künstlerischen Inhalt und sehr billigen Preis.

Pädagogische Blätter für Lehrerbildung.

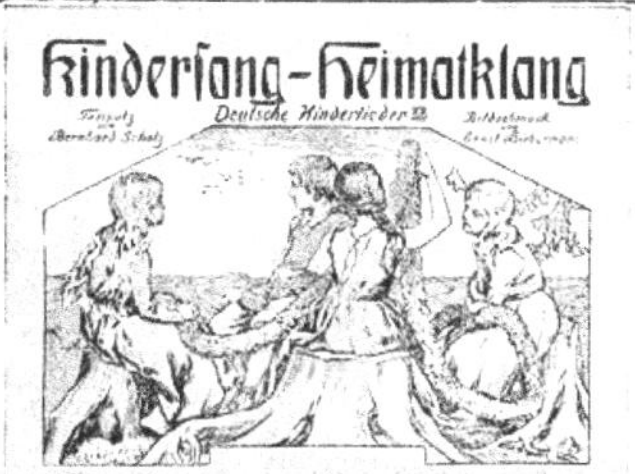

Prof. Hans Thoma: ABC-Bilderbuch mit ausgewählten Gedichten von Wilhelm Hey, nebst Originalbeiträgen v. Mathilde Coester, Kassel. Format 31×23 cm, 48 Seiten mit etwa 60 farbigen Bildern von Prof. Hans Thoma, elegant und dauerhaft gebunden 4 Mark, unzerreißbar ohne Textseiten 5 Mark.

„Sicher die schönste Fibel, die je erstand! Da ist das Lesenlernen Vergnügen. Das Kind, das dieses Buch hat, kommt fix und freudig als Leser in die Schule und lacht der Qual der anderen. Es sind viele, viele Bilder darin, manche von großem Reiz.

Die Kunst im Leben des Kindes.

„Hier sind Bilderbücher, die auch dem weniger Bemittelten echte Kunst bieten für sein Kind." Magdeburgische Zeitung.

Hans Thoma, seine Jugend- und Volkskunst

Der Meister, dessen Kunst gleich trefflicher das Natürliche und Idyllische ländlichen Lebens, wie das Romantische und Majestätische in der Darstellung verschiedener Landschafts-Charaktere aussprechen, der mit derselben Naivität und Innerlichkeit heitere antikische Stoffe und Phantasien, wie tiefernste christliche Ideen und Vorgänge behandeln kann, begeht am 2. Oktober d. J. seinen 70. Geburtstag. Ein volles halbes Jahrhundert schöpferischer Arbeit und unermüdlichen Schaffens liegt hinter ihm. Überblickt man die ungewöhnlich große Fülle von Werken und Gestaltungen, die Thomas Künstlerwille hervorgebracht hat, so kann man ohne Einwand wohl sagen, daß dem Meister kein Schaffensgebiet verschlossen, keine Ausdrucksweise versagt geblieben sei.

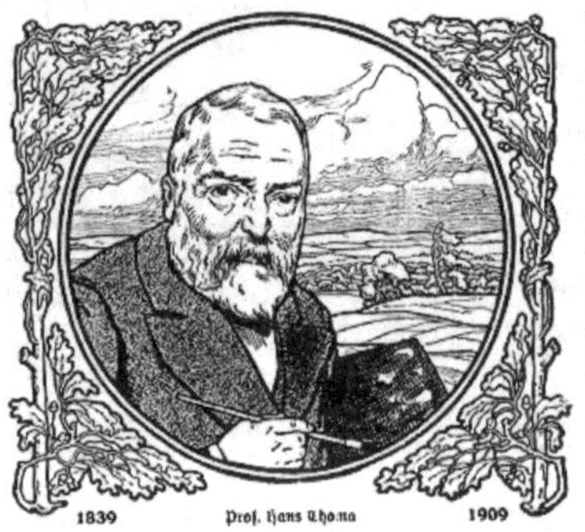

1839 Prof. Hans Thoma 1909

Reine und nur durch die Gegenwart bedingte Freude an den Dingen, die auch alltägliche Gegenstände und Vorgänge in eine vollkommene und oft traumhafte Schönheit hinaufheben kann, bildet den Urgrund von Thomas Kunst. Solche Unbeschwertheit im Genusse der Erscheinungsformen gehört nur der Jugend als Eigentum an. Es ist deshalb auch leicht begreiflich, daß der schaffensgewaltige Meister ein besonderes und liebevolles Verhältnis zur Jugend hat, und es ist mehr als ein familiärer Zufall, es hat eine tiefe sachliche Bedeutung, wenn Thoma die Bilanz seines menschlichen und künstlerischen Seins im „Herbste des Lebens" einem Kinde widmet, und wenn er in dem ABC-Bilderbuch und in seinen Malbüchern einen Extrakt seiner Kunst der Jugend darbietet.

Es ist wohl ein einziger Fall, daß ein Künstler von der Bedeutung Thomas direkt an die Jugend sich wendet. Nicht etwa, daß er eine Auswahl seiner Werke, in das übliche Albumformat gesammelt, darbietet. Nein, er vereinfacht und überträgt seine Werke geradezu in die jugendlichem Genießen gemäße Einfachheit.

Das klassische Beispiel dieses Kunstschaffens ist das schon erwähnte ABC-Bilderbuch (s. umstehend). Eine ganze Anzahl Thomascher Bilder und Studien hat hier für die einzelnen Buchstaben des Alphabetes den einfachsten und charakteristischsten Ausdruck gefunden. Eine Fibel, ein erstes Lesebuch, ist daraus entstanden, ein ethisches und bildnerisches Erziehungsmittel ersten Ranges.

Die gleiche glückliche Hand hat Thoma in seinen „Malbüchern"*) bewiesen.

Thoma hat darin Landschaftseinheiten mannigfaltiger Art zu ungewöhnlich vereinfachten Zeichnungen zusammengefaßt und diese Bildungen durch wenige, flächenhaft aufgesetzte Töne zu lebendiger Wirkung gebracht. Wie frische Aquarelle wirken diese ernsten Schwarzwaldmotive, diese heiteren Rheingegenden, diese lachenden Mainlandschaften und diese majestätischen Alpenseen. Eine prachtvolle Vorschule des Schauens und Bildens ist in diesen ungemein lebensvollen Landschaften für die Jugend gegeben. Schon die reizvollen Umschläge verraten den großen und wirkungsvoll gestaltenden Künstler, der die Hefte so reich und instruktiv ausgestattet hat. Form- und Raumbildung lassen sich hier ebenso gründlich studieren, wie der Stimmungsgehalt der Farben und des Lichtes zu seinem Rechte kommt.

Dem Geist der Zeit folgend, hat der Verlag die obengenannten Malbücher und einen Teil des ABC-Buches auch als Postkarten-Malbücher herausgegeben. Auf diese Weise werden die feinen und sinnigen Thomaschen Blätter in erweiterter Weise zweckdienlich und für Sender und Empfänger erfreulich.

Mit den „Kunstgaben"**) der Berliner Freien Lehrervereinigung für Kunstpflege — die ebenfalls bei Jos. Scholz in Mainz verlegt werden — ist der Wirkungskreis Thomascher Kunst wesentlich ausgedehnt worden. Hier erklingt der Ruf nicht nur an die Jugend, sondern ins Volk in seinem breitesten Begriffe. Nicht hoch genug ist dieses kunsterzieherische Unternehmen für die ästhetische Bildung weitester Kreise zu bewerten.

Man denke: sechzehn ausgezeichnete Reproduktionen nach Gemälden, Lithographien, Radierungen und Federzeichnungen Thomas für eine Mark — **eine Mark!** —: das ist eine Mission zugunsten künstlerischer Gesunderhaltung und Erstarkung von unschätzbarem Wert. Diese Kunstgaben bilden ein kleines Thoma-Museum, das nicht bloß eine Ahnung, sondern einen vollen Einblick in das keusche und große Wesen Thomaschen Schaffens gewährt.

Landschaft und Figurenbild, Phantasie und Humor, Religiöses und Mythologisches, Idyllisches und Dramatisches ist hier geboten mit einer Einfachheit und Klarheit der Gestaltung, mit einer deutschen Kraft und Innigkeit des Empfindens, daß ein unerschöpflicher Schatz an deutschen Gemütskräften dem empfindenden Betrachter zuteil wird.

Jugend und Volk, die unter dem erziehlichen Einfluß solch gesunder Kunst stehen, bleiben gesund. Sie sammeln und nehmen mit dieser keuschen, stillen und ergreifenden Schönheit einen Halt ins Leben mit, der durch seine reine Sinnlichkeit sich als das beste Bollwerk gegen die vielfachen sinnlichen Überreizungen der Zeit erweist.

*) **Das Deutsche Malbuch.** 4 verschiedene Hefte von Prof. Hans Thoma mit je 8 Bildblättern zum Ausmalen mit Farbe oder Stift, ferner 4 Postkartenhefte mit je 16 Postkarten, versandfertig, je 50 Pfg.

) **Kunstgaben in Heftform. (Die schönsten und bedeutendsten Bilder des Meisters in verschiedenfarbiger, vollkommener Doppelton-Wiedergabe, im Formate von 21 : 29 cm.)

1. Hans Thoma, ein Buch seiner Kunst. Mit einer textlichen Einleitung 1 Mk. 16 Blätter nach Gemälden, Lithographien und Handzeichnungen des Meisters mit meist figürlichen Darstellungen.
2. Hans Thoma, Landschaften. Mit textlicher Einleitung 1 Mk. 15 Blätter; eine Auswahl der schönsten und besten Landschaften Hans Thomas.

Als Festgabe zum 70. Geburtstage des Meisters erschien soeben als Doppelheft:

3. Hans Thoma und seine Weggenossen. Eine Kunstgabe, enthaltend 30 Vollbilder nach Werken des Meisters und seiner Weggenossen: Cella Thoma, Arnold Böcklin, Wilh. Leibl, Eugen Bracht, Viktor Müller, Joh. Wilhelm Schirmer, Karl Haider Louis Eysen, Adolf Stäbli, Otto Frölicher, Peter Burnitz, Albert Lang, Emil Lugo, Wilhelm Trübner, Karl von Pidoll, Wilhelm Steinhausen u. a., sie alle sind mit schönen Werken vertreten. 2 Mk.